Alles was ich wissen will
Erde und Weltall

Alles was ich wissen will
ERDE & WELTALL

Ravensburger Buchverlag

Inhalt

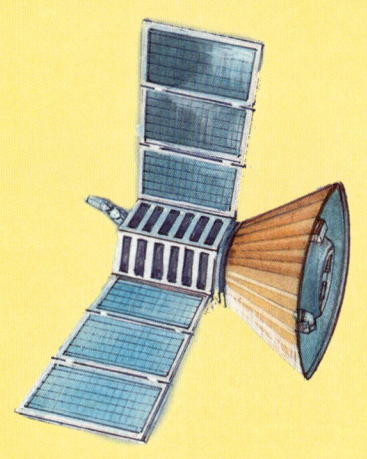

Die Erde im Wandel

Wer sich mit der Erde beschäftigt, begreift schnell, dass es dabei immer um gigantische Größenordnungen geht: um Jahrmillionen, um unvorstellbare Entfernungen, um Kräfte, die ganze Kontinente verschieben. Viele unserer Vorstellungen beruhen auf Annahmen, die man nicht vollständig überprüfen kann: Denn es gibt ja keine Zeitzeugen bei der Entstehung der Erde oder der ersten Lebewesen. Aber diese Erklärungen helfen uns zu verstehen, wie die Erde und das Leben „funktioniert". Und wie sich alles ständig wandelt.

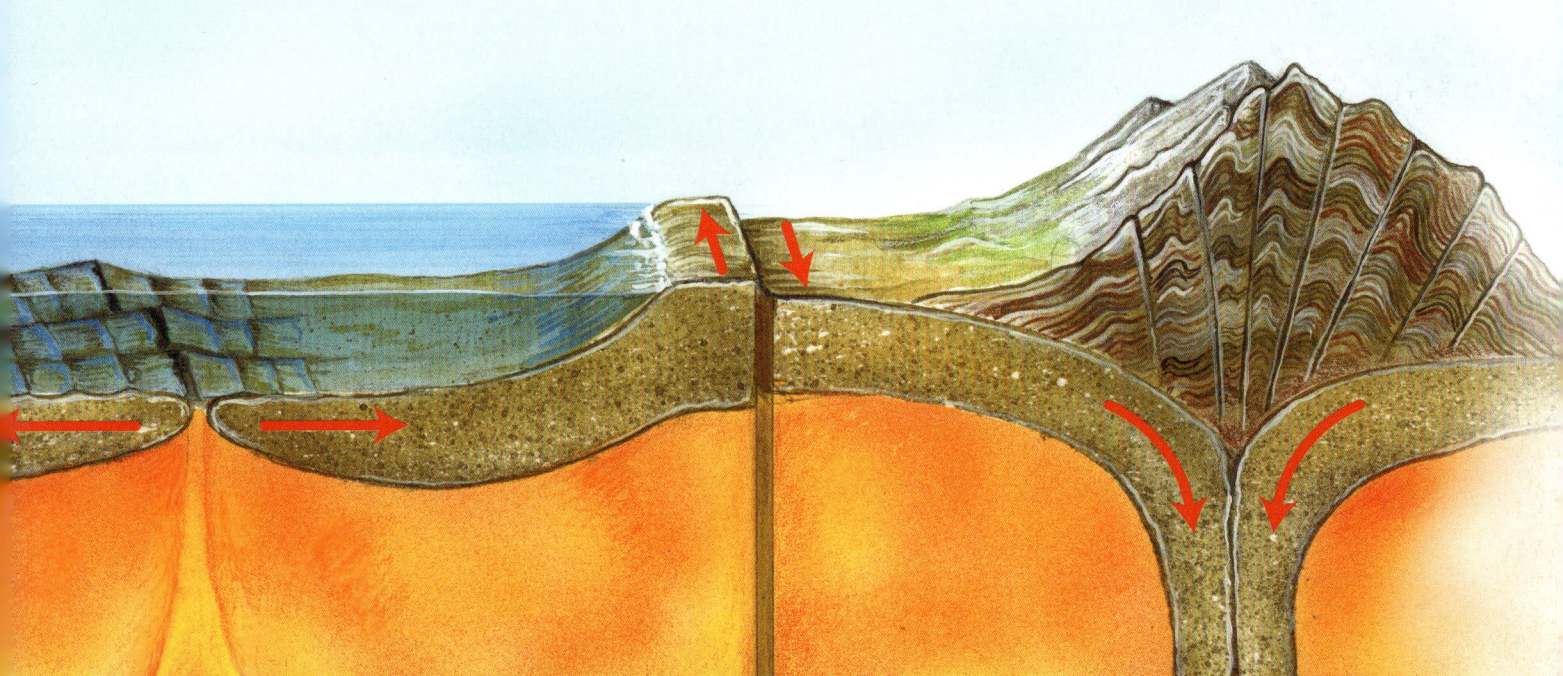

Das Leben beginnt

Vor 15 Milliarden Jahren gab es eine unvorstellbar mächtige Explosion, den Urknall. Das ist die Meinung der meisten Wissenschaftler. Irgendwie und irgendwann hat es einmal angefangen.

Eine Staubwolke

Nach dem Urknall trieb eine riesige Wolke aus Gas und Staubteilchen durch das All. Es kam immer wieder zu neuen extremen Explosionen. Dadurch gerieten die Staubteilchen in Bewegung, zogen sich zusammen und verschmolzen zu einem Klumpen aus fester Materie. Daraus entstanden schließlich die ersten Sterne. Auch unsere Sonne gehörte dazu.

Sie entstand rund 10 Milliarden Jahre nach dem Urknall. Um die glühende Sonnenkugel herum wirbelte zunächst noch eine riesige Staubscheibe.

Unser Sonnensystem

Aus der die Sonne umkreisenden Staubscheibe bildeten sich allmählich die Planeten und Monde des Sonnensystems heraus. Wegen der großen Anziehungskraft der Sonne umkreisen sie diese auf festen Bahnen.

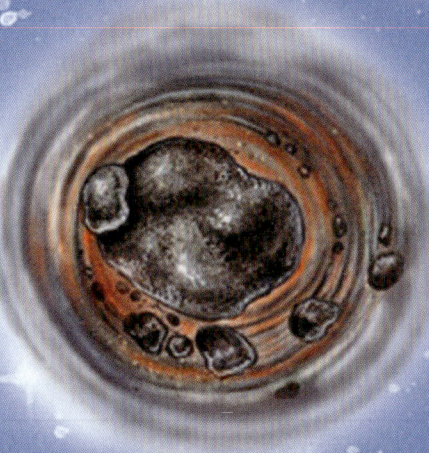

Aus Staubteilchen wurden Kugeln aus glühender Materie.

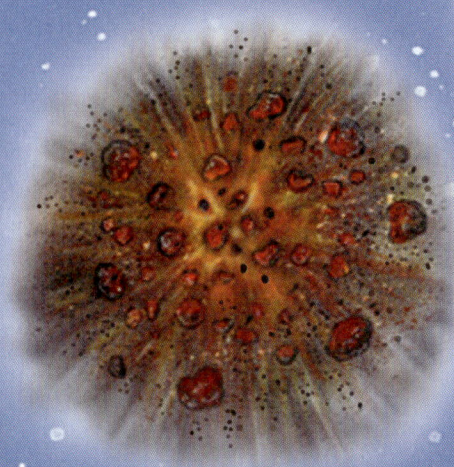

Mit dem Urknall fing vor 15 Milliarden Jahren alles an.

Eine gigantische Wolke aus Gas und Staub schwebte durch den Weltraum.

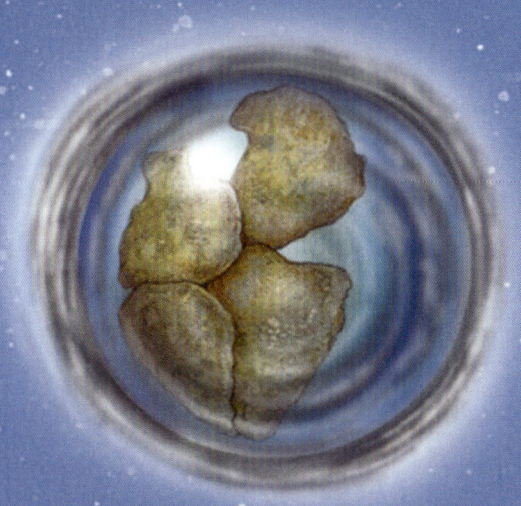

Aus Klumpen fester Materie bildeten sich die Sterne und später die Planeten.

Die Erde nimmt Gestalt an

Auch die Erde war anfangs ein glühend heißer Ball und kühlte nur langsam ab. Die Erdoberfläche erstarrte zu Krustenplatten. Aus der Kruste stiegen Gase empor und bildeten eine wolkenreiche Hülle um die Erde: die Atmosphäre. Regen füllte die Meere. Pflanzen begannen Sauerstoff herzustellen, den wir zum Leben brauchen.

Erste Lebewesen

Die ersten Lebewesen waren Einzeller. Es gibt sie noch heute, zum Beispiel als Bakterien. Im Meer entwickelten sich erste Pflanzen wie Algen. Vor 200 Millionen Jahren erschienen die Saurier. Nach ihrem Aussterben gab es genügend Lebensraum für Säugetiere und Vögel.

Erdfrühzeit (Präkambrium)
vor 4000–570 Millionen Jahren:

Bakterien und Algen entstehen.

Bakterien und Algen

Erdaltertum (Paläozoikum)
vor 570–250 Millionen Jahren:

Erste Weichtiere, Wirbeltiere und Insekten erscheinen. Auf dem sumpfigen Land wachsen Farne. Amphibien wechseln vom Wasser auf das Land und entwickeln sich zu Reptilien.

Reptilien und Insekten

Erdmittelalter (Mesozoikum)
vor 250–65 Millionen Jahren:

Die ersten Säugetiere und Saurier leben auf der Erde. Ammoniten leben im warmen Meer. Auf der Erde herrscht tropisches Klima. Die Saurier sterben aus.

Dinosaurier

Erdneuzeit (Neozoikum)
vor 65 Millionen Jahren bis heute:

Vögel und Säugetiere entwickeln sich weiter. Nadel- und Laubbäume breiten sich aus. Affen tauchen auf. Eiszeiten beherrschen die Erde. Vor etwa 4 Millionen Jahren taucht der erste Mensch auf (der Australopithecus).

Mammuts

Lies mal weiter!
Seite 16, 17, 125

Die ersten Menschen

Unter den vielen Säugetieren, die sich in den Jahrmillionen nach dem Verschwinden der Saurier entwickelten, waren auch kleine Insektenjäger. Diese affenähnlichen Wesen lebten auf Bäumen und gelten als Vorfahren der Affen und des Menschen.

Unsere Vorfahren

Vor etwa sieben Millionen Jahren entwickelten sich Menschen und Affen in unterschiedliche Richtungen weiter. Wir stammen also nicht vom Affen ab, sondern wir haben gemeinsame Vorfahren. Die Ahnenreihe des modernen Menschen lässt sich bis auf den Australopithecus zurückverfolgen, der bereits aufrecht ging. Der Homo habilis stellte schon einfache Steingeräte her. Sein Nachfolger, der Homo erectus, machte Feuer, stellte Faustkeile her, baute Hütten und jagte Elefanten.

Die Wiege der Menschheit

Vor 300 000 Jahren betrat der Homo sapiens die Erde. Er fertigte Werkzeuge an und bestattete seine Toten. Erste Spuren des Homo sapiens sapiens, zu dem auch wir heutigen Menschen gehören, fanden Archäologen in Afrika. Die Wiege des Menschen lag vermutlich vor über 90 000 Jahren im Grasland Ostafrikas.

Es war ein langer Weg bis zum „wirklich vernunftbegabten Menschen".

Der Australopithecus, der älteste Vorfahre des Menschen, lebte vor 2 bis 3 Millionen Jahren.

Vor etwa 2 Millionen Jahren: Homo habilis („geschickter Mensch")

Der Homo erectus („aufgerichteter Mensch") lebte vor etwa 1,5 Millionen Jahren oder noch früher.

Homo sapiens („vernunftbegabter Mensch") erschien vor etwa 300 000 Jahren.

Auf den Galapagosinseln

Verwundert stellte ich fest, dass es auf der Insel Finken mit unterschiedlichen Schnäbeln gab. Nachdem ich sie längere Zeit aufmerksam beobachtete, war mir klar, dass, obwohl sie miteinander verwandt sind, jeder eigene Fertigkeiten entwickelt hatte. So pickt der kleinste Fink mit seinem „Pinzetten-Schnabel" nach Insekten. Ein anderer Knackt mit seinem kräftigen Schnabel Samen. Und noch ein anderer kann mit seinem langen, kräftigen Schnabel sowohl Samen als auch Insekten vertilgen. Erstaunlich, was die Natur so alles hervorbringt!

Aus dem Tagebuch Darwins

Was ist Evolution?

Der Engländer Charles Darwin ging davon aus, dass nur erfolgreiche Tier- und Pflanzenarten überleben. Erfolgreich ist, wer sich am besten an seinen Lebensraum anpasst. Diese Auslese ist ein Teil seiner Evolutionstheorie. Danach entstehen neue Arten, indem sie sich immer besser an ihre Umgebung anpassen. Viele Ideen für seine Theorie fand Darwin auf den Galapagosinseln. Diese Inseln liegen etwa 1000 Kilometer vor der Westküste Südamerikas. Er besuchte sie an Bord des Segelschiffs „Beagle".

Der Homo sapiens sapiens („wirklich vernunftbegabter Mensch") ist unser direkter Vorfahre.

Teste dein Wissen!

Wie nennt man die Theorie von der Entstehung und Anpassung der Arten?

(Evolution)

Lies mal weiter!
Seite 38, 98

Wandernde Kontinente

Die Linien zeigen die Platten der Erdkruste.

Die Grenzen der Kontinente sahen nicht immer so aus wie heute. Und sie verändern sich immer noch, wenn auch unendlich langsam. Wie kommt das?

Über 20 Platten

Nach der Theorie der Plattentektonik ist die Erdkruste in über 20 Platten unterteilt. Die Platten können sich auf der zähflüssigen Gesteinsmasse des oberen Erdmantels horizontal bewegen.

Berge, Beben und Vulkane

Diese Kontinentalverschiebung bewirkt Gewaltiges. Bewegen sich Krustenplatten voneinander weg, entstehen dazwischen große Lücken oder Gräben. Das Rote Meer liegt zum Beispiel in solch einem Graben. Wenn Platten zusammenstoßen, drücken sie Landmassen empor und es bilden sich Gebirge. Wo Plattenränder in den Erdmantel abtauchen, wird Magma aus den Tiefen emporgefördert und Vulkane können ausbrechen. Wenn zwei Platten aneinander vorbeischrammen, kommt es zu Erdbeben.

Die Plattenbewegungen sind für viele gewaltige geografische Ereignisse verantwortlich.

Kontinente im Wandel

Ursprünglich bildete die gesamte Landmasse der Erde den Riesenkontinent Pangäa. Vor etwa 200 Millionen Jahren teilte sich dieser in Gondwana und Laurasia. Später brach Gondwana in Afrika und Südamerika auseinander. Man kann auf einer Weltkarte noch erkennen, dass die beiden Kontinente wie zwei Puzzleteile zusammenpassen. Auch Laurasia teilte sich – es entstanden Nord-amerika, Europa und Asien. Die Kontinente bewegen sich noch immer um einige Zentimeter im Jahr. So werden sich in etwa 65 Millionen Jahren Nord- und Südamerika voneinander trennen und auf Asien zudriften.

Der San-Andreas-Graben

- Diese Erdspalte ist ungefähr 1000 km lang.
- Sie bildet die Grenze zwischen der Nord-amerikanischen und der Pazifischen Platte.
- Da sich die Platten gegeneinander verschie-ben, bauen sich Spannungen auf.
- Wenn diese sich ruckartig entladen, kommt es zu Erdbeben.
- Am 18. April 1906 wurde San Francisco von einem schweren Erdbeben heim-gesucht.

Du entscheidest selbst:
- Wie entstehen Gebirge?
  ➡ Seite 36/37
- Wie „funktioniert" ein Vulkan?
  ➡ Seite 18/19

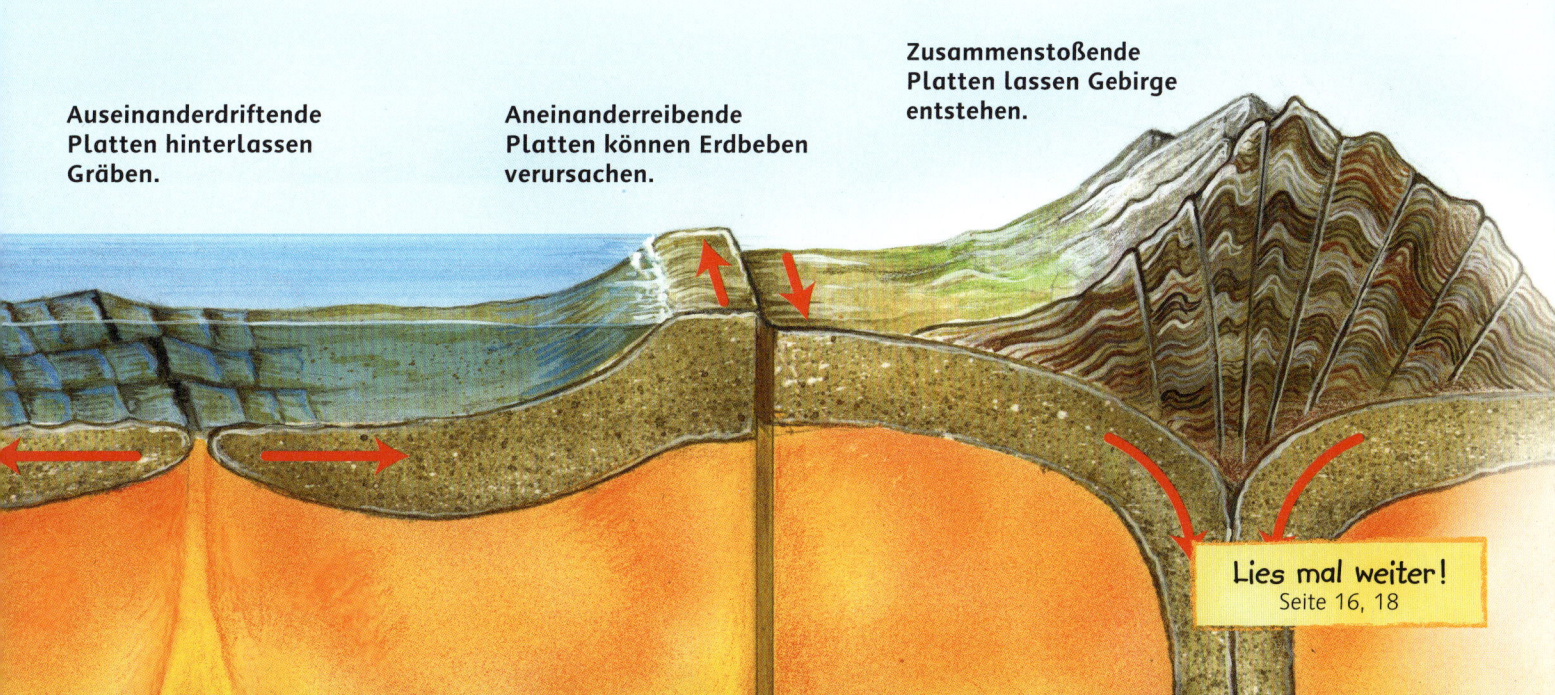

Auseinanderdriftende Platten hinterlassen Gräben.

Aneinanderreibende Platten können Erdbeben verursachen.

Zusammenstoßende Platten lassen Gebirge entstehen.

Lies mal weiter!
Seite 16, 18

Die Erde bebt

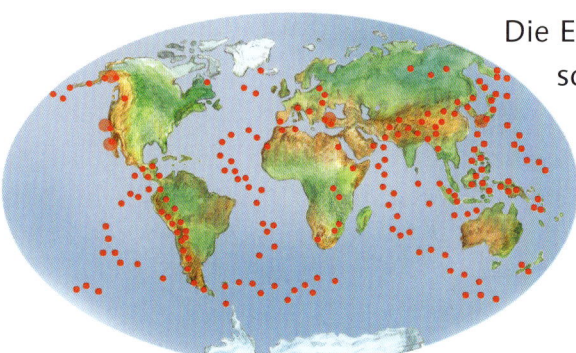

Hier drohen die meisten Erdbeben.

Die Erde besteht aus verschiedenen Platten, die sich ständig bewegen. Das kann zu Erdbeben führen. Was passiert hierbei genau?

Wie Erdbeben entstehen

Immer wenn sich Platten übereinanderschieben oder aneinander vorbeigleiten, verhaken sie sich ineinander. Dadurch bauen sich gewaltige Spannungen auf.

Wenn die Spannungen zu groß werden und die Platten nachgeben, kommt es zu einem Erdbeben. Den Bereich an der Oberfläche über dem Erdbebenherd nennt man Epizentrum.

Riesige Schäden

Jedes Jahr werden bis zu einer Million Erdbeben registriert, doch nur etwa 1000 sind so stark, dass sie Schäden anrichten. Sehr starke Erdbeben können ganze Landstriche verwüsten und viele Menschenleben kosten. Gemessen wird die Stärke mit der Richterskala.

Die Richterskala

Stärke 1 Nur durch Instrumente nachweisbar

Stärke 2 Kaum bemerkbar

Stärke 3 Nur leichte Erschütterung

Stärke 4 Klapperndes Geschirr, leicht schaukelnde Autos

Stärke 5 Menschen wachen auf, Möbel bewegen sich, Risse in Wänden

Stärke 6 Erhebliche Gebäudeschäden, Verletzungsgefahr

Stärke 7 Einstürzende Gebäude, Spalten im Boden, Lebensgefahr

Stärke 8 Verheerende Verwüstungen, viele Todesopfer

Stärke 9 und darüber Vernichtung von Leben, Zerstörung ganzer Landschaften

Bekannte Erdbebenzonen

Deutschland:
Hohenzollerngraben (1)
Kölner Bucht (2)

Österreich:
Wiener Becken (3)

Schweiz:
Basel gehört zu den zehn gefährlichsten Erdbebengebieten der Welt (4).

Auch bei uns gibt es Gefahrenzonen.

Gewaltige Flutwellen

Ein Erdbeben am Meeresboden ruft gewaltige Flutwellen hervor. Diese Tsunamis können eine Geschwindigkeit von 790 Kilometern in der Stunde erreichen. Die Flutwellen türmen sich an der Küste bis zu einer Höhe von 30 Metern auf und verursachen verheerende Schäden. Am 26. Dezember 2004 kam es durch ein Seebeben im Indischen Ozean zu einer der bisher schlimmsten Tsunamikatastrophen: etwa 230 000 Menschen kamen ums Leben.

Kann man vor Beben warnen?

Heute werden Erdbewegungen weltweit mit sogenannten Seismografen gemessen, sodass man mittlerweile immer besser vor Erdbeben warnen kann. So sagten 1975 chinesische Forscher ein Beben der Stärke 7,3 bei Haicheng voraus und brachten 90 000 Einwohner in Sicherheit: Zwei Tage, bevor das Beben 90 Prozent der Stadt zerstörte oder beschädigte.

Der Seismograf erfasst und misst Erdbebenwellen.

Teste dein Wissen!

Wie heißt die Skala für die Stärke von Erdbeben?

(Richterskala)

Lies mal weiter!
Seite 14, 18, 34

Vulkane formen die Welt

Vulkane entstehen meist dort, wo Erdplatten aneinandergrenzen. Rund um den Pazifischen Ozean gibt es so viele Vulkane, dass man von einem „Feuerring" spricht.

Die Erde spuckt!

Vulkane sind Öffnungen in der Erdkruste, durch die geschmolzenes Gestein (Magma) austritt. Der Druck in den Magmakammern unter einem Vulkan drängt das Magma durch einen Schlot nach oben. Dabei werden auch Asche und Steine emporgeschleudert. Magma wird als Lava bezeichnet, sobald es die Erdoberfläche erreicht.

Pompeji wurde im Jahr 79 n. Chr. beim Ausbruch des Vesuvs unter meterdicker Asche begraben.

Dampf, Asche und Gase

Krater

Steine

Lava

Magmakammer

Verschiedene Vulkantypen

Die Form eines Vulkans hängt von der Art des Magmas und des Ausbruchs ab. Ein Schildvulkan entsteht, weil dünnflüssiges Magma austritt und sich als Lavastrom schnell verteilt. Es bilden sich flache Kuppeln, meist mit mehreren Kratern. Schichtvulkane entstehen, wenn abwechselnd Asche und zähflüssiges Magma austreten. Die Lavaströme verteilen sich deshalb nicht weit und bilden mit der Asche einen steilen Kegel. Es gibt auch Vulkane auf dem Meeresboden.

Tätig, ruhend oder erloschen?

Einige Hundert tätige Vulkane sind auf der Erde bekannt. Einer der aktivsten Vulkane ist der Kilauea auf Hawaii (USA), der seit 1983 ununterbrochen Lava ausspeit. Es gibt aber auch viele ruhende Vulkane oder welche, die ganz erloschen sind.

Beispiele für erloschene Vulkane in Deutschland:
- Kaiserstuhl nahe Freiburg
- Hohentwiel nahe dem Bodensee
- Der Schwäbische Vulkan an der Schwäbischen Alb
- Vogelsberg
- Drachenfels im Siebengebirge
- Otzberg und Katzenbuckel im Odenwald
- Amöneburg im Marburger Land

Kochende Geysire

Geysire sind heiße Quellen und treten in vulkanischen Gebieten auf, wo heiße Gesteine dicht unter der Oberfläche liegen. Sie heizen das Wasser im Untergrund auf, bis es kocht und dann fontänenartig nach oben schießt. In Neuseeland und auf Island wird die Energie von Geysiren zur Stromerzeugung genutzt.

Die höchste Fontäne eines Geysirs war 460 m hoch.

Schlot

Magma

Ein Schichtvulkan mit Schichten von Lava und Lockermaterial

Du entscheidest selbst:
- Wo gibt es Vulkaninseln?
  ➡ Seite 104/105
- Sah unsere Erde mit ihren Meeren und Kontinenten schon immer so aus?
  ➡ Seite 14/15

Lies mal weiter!
Seite 14, 18, 40

Die Welt erkunden

Die Sonne liefert uns nicht nur das lebensnotwendige Licht. Sie ist auch für den Wechsel von Tag und Nacht und die Jahreszeiten verantwortlich. Wie sich Sonne und Planeten bewegen, war jahrhundertelang umstritten. Kein Wunder, wir können das ja nicht mit bloßem Auge verfolgen. Genauso wie wir im Alltag nicht spüren, ob die Erde eine Scheibe oder eine Kugel ist. Mutige Forscher und Entdecker haben uns die Augen geöffnet.

Der Drehpunkt: die Sonne

Im Mittelpunkt unseres Sonnensystems steht die Sonne – und um sie herum kreisen die acht Planeten und andere Himmelskörper.

Im Mittelpunkt unseres Sonnensystems steht die Sonne – und um sie herum kreisen die acht Planeten und andere Himmelskörper. Einer dieser Planeten ist unsere Erde. Leben auf der Erde ist nur möglich, weil die Sonne Licht und Wärme spendet, die für alle Lebewesen notwendig ist.

Unser Sonnensystem

Es gibt ganz verschiedene Himmelskörper: Die acht Planeten werden teilweise von Satelliten umrundet – so wie der Mond die Erde umkreist. Planetoiden sind oft nur wenige hundert Meter lange Himmelskörper, während Kometen einen langen Schweif haben. Meteore sind Feuerkugeln, die entstehen, wenn Teilchen aus dem All in die Erdatmosphäre eintauchen.

Die Planeten bewegen sich in elliptischen (fast kreisrunden Bahnen) um die Sonne.

Sonne

Merkur

Erde mit Mond

Saturn und seine Ringe

Venus – auch Abend- oder Morgenstern genannt

Mars

Jupiter

Planetoiden

Meteor

Uranus

In einer Sternwarte kann man mit riesigen Fernrohren den Himmel betrachten.

Teste dein Wissen!

Welcher Planet ist am weitesten von der Sonne entfernt?

(Neptun)

Die Milchstraße

Unser Sonnensystem ist nur ein sehr kleiner Teil der Milchstraße, einer Galaxie mit Milliarden von Sternen. Eine Galaxie ist wiederum nur ein Teil des Universums, wie man das Weltall auch nennt. Die Milchstraße ist nach ihrem Aussehen benannt: Am nächtlichen Sternhimmel erscheint sie uns wie ein milchig leuchtendes Band.

Du entscheidest selbst.
- *Wie heiß wird die Sonne?*
  ➡ S. 136/137
- *Woraus bestehen die Planeten?*
  ➡ S. 150/151.

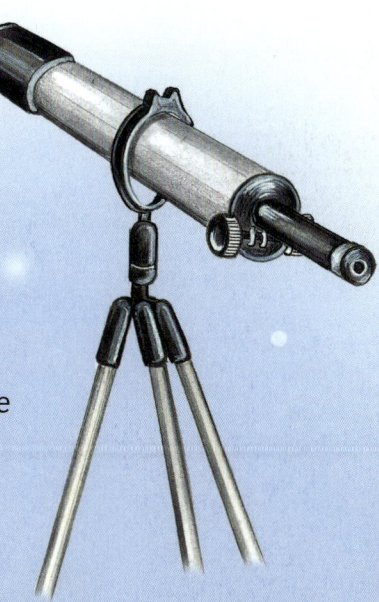

Kaum zu glauben

Der Astronom Johannes Kepler erkannte, dass die Planeten in elliptischen Bahnen um die Sonne kreisen.

Neptun

Lies mal weiter!
Seite 28, 128, 133

Die Erde: unser Planet

Lange glaubten die Menschen, dass die Sonne um die Erde kreist. Der Astronom Nikolaus Kopernikus erkannte jedoch um 1500, dass die Erde die Sonne (griechisch Helios) umrundet. Sein heliozentrisches Weltbild setzte sich aber nur allmählich durch.

Scheibe oder Kugel?

Vor über 2000 Jahren stellten sich die Menschen die Erde als Scheibe vor, die nur auf einer Seite bevölkert ist. Schließlich war die Kugelgestalt nicht mit dem bloßen Auge zu er-kennen. Außerdem dachten sie, dass die Menschen auf der unteren Kugelhälfte herunterfallen müssten. Unter der Leitung des portugiesischen Entdeckers Ferdinand Magellan gelang die erste Weltumsegelung – und damit der endgültige Beweis, dass die Erde eine Kugel ist. Die drei Jahre dauernde Reise begann 1519. Magellan selbst erlebte jedoch nicht das Ende der Reise, denn er starb im Kampf mit Einheimischen auf den Philippinen.

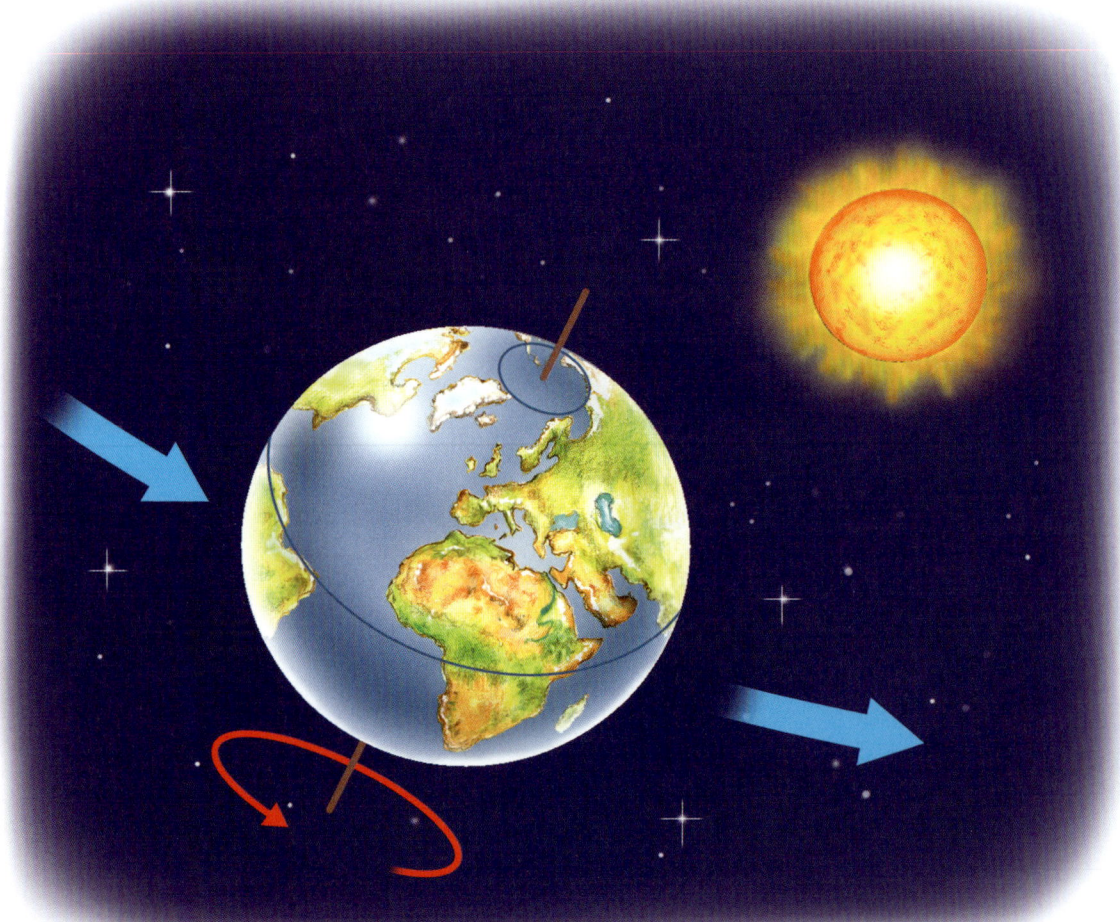

Die Erde umkreist in etwa 365 Tagen die Sonne und in knapp 24 Stunden dreht sie sich einmal um die eigene Achse.

In vielen frühen Kulturen glaubte man, dass man am Ende der Weltscheibe ins Nichts fällt.

Die Erdachse und ihre Pole

Die beiden Endpunkte der Achse, um die sich die Erde dreht, nennt man Pole. Der Nordpol befindet sich im mittleren Nordpolarmeer, in einer Region, die von Treib- und Packeis bedeckt ist. Der Südpol liegt im Inneren der Antarktis.

Kaum zu glauben

Das erste Lebewesen im All war 1957 die Hündin Laika im russischen Satelliten Sputnik 2. Laika starb aber leider in der Rakete, vermutlich an Überhitzung.

Aufnahmen aus dem All zeigen die Kugelform der Erde.

Du entscheidest selbst:
• Wer war der erste Mensch auf dem Mond?

➡ S. 168/169

• Wie sieht es im Inneren der Erde aus?

➡ S. 34/35

Lies mal weiter!
Seite 30, 148

Unser Nachbar: der Mond

Bei Neumond liegt die erdabgewandte Seite des Mondes im Sonnenlicht.

Zunehmender sichelförmiger Halbmond

Mal ist er ganz, mal gar nicht, mal nur als Sichel zu sehen: Der Mond zeigt jeden Tag ein anderes Gesicht!

Ebbe und Flut

Der Mond übt eine Anziehungskraft auf die Erde aus. Bestes Beispiel sind Ebbe und Flut. Das Wasser auf der dem Mond zugekehrten Erdseite steigt an, weil es vom Mond ange- zogen wird: Es entsteht eine Flut. Dort, wo dieses Wasser nun „fehlt", sinkt der Meeresspiegel, es herrscht Ebbe. Ebbe und Flut nennt man auch Gezeiten.

An vielen Küsten gibt es Ebbe und Flut, die sich zweimal pro Tag abwechseln.

Höchste und niedrigste Flut

Wenn sich die Anziehungskräfte von Sonne und Mond überlagern, kommt es zu einer Springtide (-flut). Dann ist die Flut höher und die Ebbe niedriger als normal. Stehen Mond und Sonne quer zueinander, entste- hen Nipptiden mit sehr niedriger Flut und Ebbe. Den Unterschied zwischen dem höchsten und dem niedrigsten Wasserstand nennt man Tidenhub. Er kann 12 Meter und mehr betragen.

Bei Vollmond liegt die ganze sichtbare Hälfte des Mondes im Sonnenlicht.

Abnehmender sichelförmiger Halbmond

Die Mondphasen

In rund 28 Tagen dreht sich der Mond auf einer elliptischen Umlaufbahn um die Erde. Seine Umlaufbahn und die Bahn der Erde um die Sonne sind etwas zueinander geneigt. Deshalb wird der Mond im Lauf der Erdumkreisung unterschiedlich beleuchtet. Immer ist für uns nur eine Seite sichtbar und nur eine Mondhälftc wird von der Sonne angestrahlt.

Mond – mal dunkel mal hell

Bei Neumond liegt die sichtbare Seite im Schatten. Eine Woche später ist die Hälfte der sichtbaren Seite sonnenbeschienen: Wir sehen einen Halbmond. Nach einer weiteren Woche haben wir Vollmond: Die sichtbare Hälfte wird komplett von der Sonne beschienen. Und eine Woche danach sehen wir wieder einen Halbmond.

Neil Armstrong betrat am 20. Juli 1969 als erster Mensch den Mond.

„Dies ist ein kleiner Schritt für einen Menschen, aber ein großer Sprung für die Menschheit."

(Neil Armstrong)

Lies mal weiter!
Seite 24, 26, 104

Übers Jahr wechseln auf der Nord- und Südhalbkugel die vier Jahreszeiten.

Frühling (auf der Nordhalbkugel)

Sommer

Winter

Herbst

Die Sonne liefert Licht und Energie zum Leben, aber sie gibt auch den Takt unseres Lebens vor.

Jahreszeiten

Ein Jahr braucht die Erde, um die Sonne zu umrunden. Während dieser rund 365 Tage bekommen nicht alle Teile der Erde gleich viel Licht und Wärme. Denn durch die Neigung der Erdachse steht manchmal eine Erdhälfte der Sonne näher als die andere. Darum gibt es in unseren Breiten die vier Jahreszeiten. Wenn die Nordhalbkugel der Sonne mehr zugeneigt ist, haben wir Sommer.

Dann fallen die Strahlen fast senkrecht auf die Erde. Auf der Südhalbkugel herrscht dann Winter. Umgekehrt haben wir Winter, wenn auf der Südhalbkugel Sommer ist. Im Frühjahr und Herbst sind beide Halbkugeln ungefähr gleich zur Sonne geneigt.

Beides ist ein Tag

Unter Tag versteht man einerseits die 24 Stunden, in der sich die Erde einmal um ihre eigene Achse dreht. Tag meint andererseits aber auch die helle Tageszeit im Gegensatz zur Nacht.

Tag und Nacht

Der Wechsel von Tag und Nacht kommt durch die Drehung der Erde um sich selbst zustande, denn es ist immer nur eine Hälfte der Erde sonnenbeschienen. Auf der anderen herrscht Nacht. Die Sonne geht für uns an dem Ort auf, der gerade aus dem Schatten der Nachtseite heraustritt. Während sich die Erde weiterdreht, steigt die Sonne am Himmel immer höher, bis sie mittags ihren höchsten Stand erreicht. Dann sinkt sie zum Horizont hinab und geht schließlich unter. Auf der gegenüberliegenden Seite der Erde geht sie nun auf.

Du entscheidest selbst:
• Wie überleben Pflanzen in der Wüste?
➡ Seite 108/109

Nächte, in denen es nicht dunkel wird, nennt man auch weiße Nächte.

Södergarden, 22. Juni

Schon seit Tagen war ich auf das Mittsommerfest am 21. Juni gespannt. Ich konnte mir nicht vorstellen, dass die Sonne gar nicht untergeht und es die ganze Nacht über hell ist. Aber es ist so! Zum Glück haben uns die Vermieter unseres Ferienhauses eingeladen, mit ihnen zu feiern. Im nördlichen Schweden ist das Mittsommerfest ein ganz wichtiges Fest, fast so wichtig wie Weihnachten. Die Mädchen und Frauen haben weiße oder geblümte Kleider an, viele tragen Trachten. Am Mittsommerabend wird der Mittsommerbaum aufgestellt. Man schmückt ihn mit Girlanden und Blumen und tanzt im Kreis um ihn herum. Es war so schön!

Frühling vom 21. März bis 21. Juni

Sommer vom 21. Juni bis 23. September

Herbst vom 23. September bis 21. Dezember

Winter vom 21. Dezember bis 21. März

An den Bäumen kann man die Jahreszeiten ablesen.

Lies mal weiter! Seite 46, 48, 76

Wagemut und Neugierde

Christoph Kolumbus (1451–1506)
▶ italienischer Seefahrer und Entdecker
▶ suchte einen kürzeren Seeweg nach Asien und landete dabei irrtümlich in Mittelamerika
▶ entdeckte 1492 die Bahamas-Insel San Salvador

Es gibt Menschen, deren Wissensdurst einfach nicht zu stillen ist. Sie setzen sich gegen alle Widerstände durch. Denn immer findet sich jemand, der sich von neuen Erkenntnissen und Entdeckungen nicht überzeugen lässt.

Forschen und entdecken

Wagenmutige Entdecker machten sich auf, um völlig unbekannte Gegenden der Welt zu erforschen. Dazu gehörte neben Neugierde und Mut auch Beharrlichkeit, um Rückschläge wegzustecken. Kolumbus wollte eigentlich einen kürzeren Seeweg nach Indien finden, landete aber in Mittelamerika.

Voneinander lernen

Marco Polo bereiste auf dem Landweg den Fernen Osten. Seine Reiseaufzeichnungen vermittelten den

Kolumbus landete irrtümlich in der Karibik und entdeckte damit Mittelamerika.

Europäern einen ersten Eindruck vom Leben dort. Unterwegs sah Marco Polo ganz erstaunliche Dinge, über die er ein Buch schrieb. Darin berichtete er zum Beispiel über die fremden Lebensgewohnheiten der Menschen in der Mongolei und in China. Dieses Wissen machten sich viele Kaufleute, aber auch andere Abenteurer später zunutze. Vasco da Gama gelang es 1497 bis 1498, um den afrikanischen Kontinent herum nach Indien zu segeln. Diesen Seeweg hatte schon Marco Polo vorgeschlagen, aber niemand schaffte es bis dahin.

Noch viel zu entdecken

Auch wenn alle Kontinente entdeckt sind, heißt das noch lange nicht, dass es für uns nichts mehr zu erkunden gibt. Große Gebiete sind noch weitgehend unerforscht, etwa das Amazonasbecken in Südamerika, die Antarktis und Arktis, das Guayana-Bergland im Norden Südamerikas, der Himalaja, Mikronesien, eine Inselgruppe im Pazifischen Ozean – und vor allem die Tiefsee. Die Wissenschaftler auf der ganzen Welt arbeiten dabei immer enger zusammen und tauschen ihr Wissen aus.

Das deutsche Forschungsschiff „Polarstern" leistet wichtige Beiträge zur Tiefseeforschung.

Marco Polo (1254–1324)
▸ Weltreisender und Schriftsteller
▸ reiste auf dem Landweg nach China
▸ seine Reiseberichte vermittelten den Europäern erste Eindrücke vom unbekannten Fernen Osten wie China, Thailand, Japan, Java, Sri Lanka, Tibet, Indien

Teste dein Wissen!

Wer entdeckte Mittelamerika?

(Christoph Kolumbus)

Lies mal weiter!
Seite 10, 100, 106

Aufbau und Bausteine der Erde

Wie entstanden Gebirge? Was wissen wir vom Erdinneren? Wie kann man Bodenschätze, etwa Edelsteine gewinnen? Das sind Fragen, die die Menschen beschäftigen. Und im Laufe der Zeit konnten uns Wissenschaftler die Erde und ihre Entstehung immer besser erklären. So wissen wir heute, wie Gesteine und Mineralien aufgebaut sind und wie Kohle und Erdöl entstehen. Aber dieses Wissen hilft uns nicht immer weiter: Rohstoffe sind zum Beispiel begrenzt. Wie können wir lernen, keinen Raubbau zu betreiben und verantwortungsvoll mit unserer Erde umzugehen?

Ein Blick ins Innere

Die Erde ist wie eine Zwiebel aus mehreren Schichten aufgebaut. Wie sehen diese Schichten aus?

Kern, Mantel, Kruste

Der Kern bildet das Erdzentrum, dann folgt der Mantel und schließlich die relativ dünne Erdkruste, sprich die Erdoberfläche, auf der wir leben.

Gestein und Metalle

Die Kruste besteht aus Gestein. Sie gliedert sich in die Kontinentalkruste mit bis zu 60 Kilometer Dicke und die ozeanische Kruste, die rund 7 Kilometer dick ist. Die Platten der Erdkruste schwimmen gleichsam auf dem zähflüssigen oberen Erdmantel. Der untere Erdmantel ist wahrscheinlich fester. Der sehr heiße und dichte Erdkern besteht aus dem flüssigen äußeren Kern und dem wahrscheinlich festen inneren Kern, der bis zu 7000 Grad Celsius heiß ist.

Einen Kompass nutzen wir zur Orientierung.

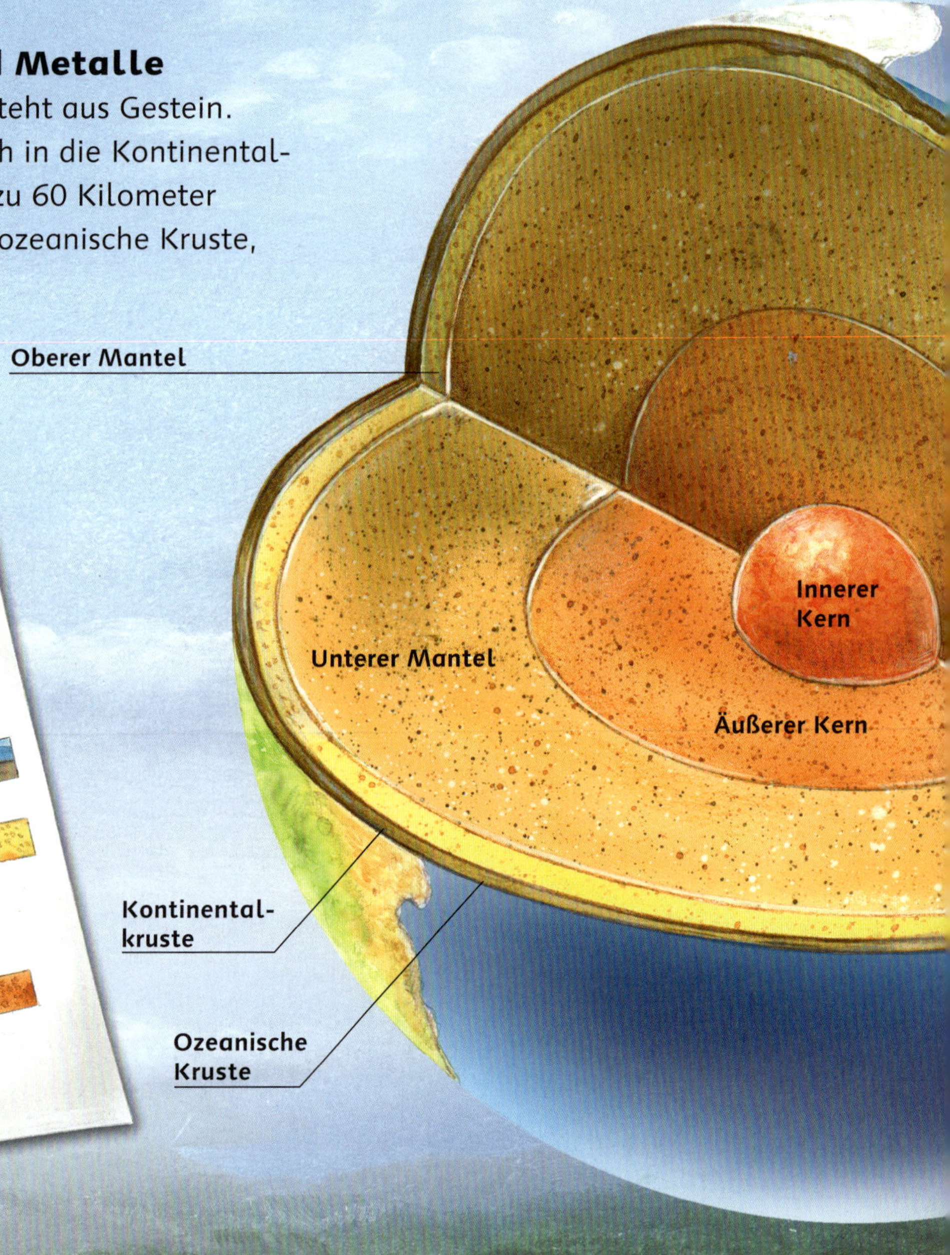

Die Erde, ihre Schichten und ihr Aufbau

Kontinentalkruste: verschiedene erstarrte Gesteinsarten

Ozeanische Kruste: verschiedene feste Gesteinsarten

Oberer Mantel: teilweise geschmolzenes Gestein

Unterer Mantel: festes, dichtes Gestein

Äußerer Kern: vermutlich zähflüssige Metalle

Innerer Kern: vermutlich feste Metalle

Oberer Mantel

Innerer Kern

Unterer Mantel

Äußerer Kern

Kontinentalkruste

Ozeanische Kruste

Das Magnetfeld der Erde

Warum richtet sich die Kompass-
nadel nach Norden aus? Das liegt
am Magnetfeld der Erde. Denn die
Erde ist ein riesiger Magnet mit zwei
Polen – einem Nord- und einem
Südpol. Gleiche Pole stoßen sich ab,
ungleiche ziehen sich an. Die mag-
netischen Erdpole sind allerdings
nicht mit den geografischen identisch
– sie weichen um einige
tausend Kilometer
davon ab.

Polarlichter

An den Polen kann man ein
atemberaubendes Phäno-
men beobachten: die Polarlichter. Sie entstehen durch
das Wechselspiel von elek-
trischen Teilchen, die die Sonne
abstrahlt, und dem Magnetfeld
der Erde. Polarlichter können
ganz unterschiedlich aussehen:
wie Bänder, Bögen, Fäden oder
auch wie Flammen oder Wolken.

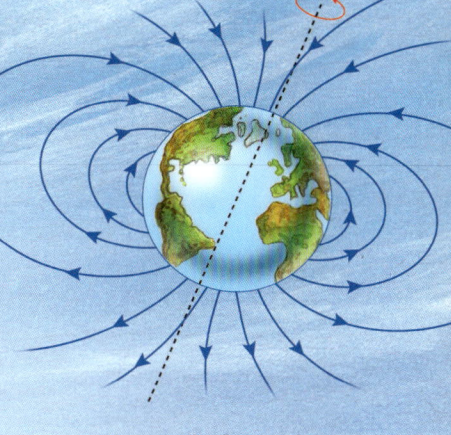

Magnetische und geo-
grafische Pole stimmen
nicht überein.

Du entscheidest selbst:
• Wie ist die Erde entstanden?
  ➡ Seite 10/11
• Was sind die wertvollsten Boden-
  schätze? ➡ Seite 40/41

Polarlichter treten in ganz
verschiedenen Formen und
Farben auf.

Lies mal weiter!
Seite 18, 32, 36

Auf Gipfeln und in Höhlen

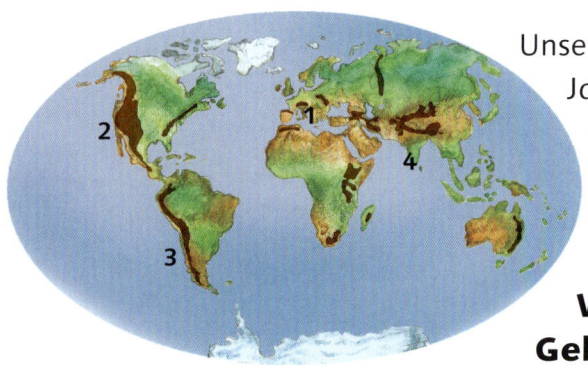

Wichtige Gebirgszüge: Alpen (1), Rocky Mountains (2), Anden (3) und Himalaja (4)

Unsere Gebirge sind in Jahrmillionen entstanden. Dabei waren gewaltige Kräfte im Spiel.

Wie entstehen Gebirge?

Die meisten Gebirge entstehen durch Bewegungen der Erdkruste. Die riesigen Platten der Erdkruste verschieben sich gegeneinander, aber nur wenige Zentimeter pro Jahr. Wenn sich Platten über Jahrtausende aufeinander zubewegen, wird die Erdkruste gestaucht und angehoben. So sind auch die Alpen entstanden. Manchmal wird eine Platte auch unter eine andere geschoben und nach unten gedrückt. Dort schmilzt sie – und das aufsteigende Magma bildet dann auch Gebirge wie zum Beispiel die Anden.

Die Gebirgsketten

Die meisten Gebirge bilden Ketten, die sich über Hunderte von Kilometern erstrecken. Gebirgsketten sind zum Beispiel die Rocky Mountains im Westen Nordamerikas mit dem 4399 Meter hohen Mount Elbert oder unsere Alpen mit dem 4808 Meter hohen Montblanc.

Reinhold Messner (geboren 1944)
▶ italienischer Bergsteiger und Abenteurer
▶ war auf allen 14 Achttausendern der Welt

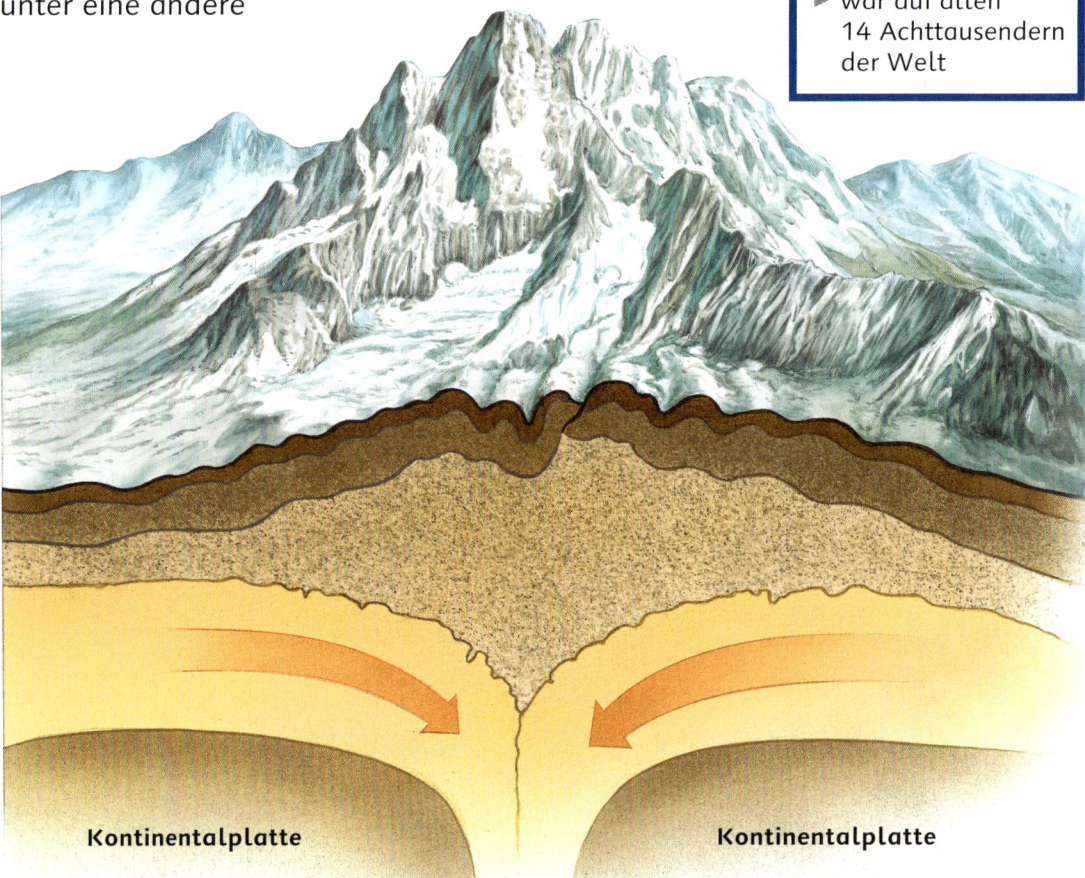

Wenn Kontinentalplatten aufeinandertreffen, werfen sie Gebirge auf.

Kontinentalplatte

Kontinentalplatte

Geheimnisvolle Höhlen

Steter Tropfen höhlt den Stein – heißt ein Sprichwort. So können zum Beispiel gegen eine Klippe schlagende Wellen das Gestein im Laufe der Zeit abtragen. Höhlen entstehen, wenn das Grundwasser unterirdisches Gestein, etwa Kalkstein, in Jahrtausenden aushöhlt. In Deutschland liegen viele Höhlen in der Schwäbischen Alb.

Tropfen um Tropfen

Unterirdische Tropfsteinhöhlen entstehen, weil das Wasser, das die Ritzen und Wände herabrinnt, Kalk aus dem Gestein löst. Bleiben nun Wassertropfen an der Decke hängen, lagert sich dort der Kalk ab und bildet langsam einen herabhängenden Kalkzapfen (Stalaktit). Fallen die Tropfen auf den Boden, wächst dort ein Zapfen (Stalagmit) empor.

Stalaktiten hängen wie Eiszapfen herunter, Stalagmiten wachsen nach oben.

Lies mal weiter!
Seite 14, 38, 42

Hart wie Stein

Gesteine bauen die Erdkruste auf. Man unterscheidet drei Arten der Entstehung.

Magma, Kalk oder ein Gemisch

Kühlt flüssiges Magma an der Oberfläche ab, erstarrt es zu magmatischem Gestein.

Sedimentgesteine bestehen aus Kalkschalen (etwa von Muscheln), Ton, Sand oder Schlamm, die sich zum Beispiel am Meeresboden abgelagert haben. Durch den hohen Druck der oberen Schichten wurde das Wasser aus den Ablagerungen herausgepresst, sodass ein festes Gestein entstand.

Metamorphes Gestein ist ein Gemisch aus Vulkan- oder Sedimentgesteinen. Durch große Hitze oder hohen Druck einer Gebirgsfaltung wurde es umgewandelt zu neuen Gesteinsformen wie Marmor.

Zeugen der Urzeit

Vor allem in Sedimentgesteinen findet man Fossilien, Spuren früherer Pflanzen und Tiere. Sie wurden nach dem Ableben von Schlamm und Erde bedeckt. Die weichen Teile verrotteten, die harte Schale oder die Knochen blieben übrig und wurden durch weitere Ablagerung eingeschlossen.

Sedimentgesteine entstanden aus Kalkschalen, Ton, Sand oder Schlamm.

Schieferton

Sandstein

Kreide

Die Kreidefelsen der Insel Rügen werden von Wind und Wellen „abgenagt".

Ein Krokodil mitten in Deutschland!

Darmstadt – Einen sensationellen Fund haben Wissenschaftler jetzt in der Grube Messel knapp zehn Kilometer nordöstlich von Darmstadt gemacht. Sie fanden bei Ausgrabungen die Reste eines vorzeitlichen Krokodils.

Schon seit 1875 werden in der ehemaligen Ölschiefergrube immer wieder hervorragend erhaltene Fossilien entdeckt. Darunter Riesenameisen, Schildkröten, Frösche, Beuteltiere, Vögel, Fische, Schuppentiere, Fledermäuse und das Messeler Urpferd, ein hundegroßer Vorfahre unserer Pferde.

Weil man hier so viele bedeutende ausgestorbene Tierarten finden kann, wurde die Grube Messel zum „Weltnaturerbe" erklärt.

Funde von jahrtausendealten Resten von Tieren und Pflanzen

Lockere Gesteine

Auch wenn es sich seltsam anhört: Es gibt nicht nur feste und steinharte Gesteine, sondern auch „lockere" Gesteine. Die Geologen, also die Wissenschaftler vom Aufbau der Erde, nennen alle Gesteine „locker", die sich noch nicht verfestigt haben, dies aber irgendwann tun werden. Man könnte auch sagen, diese Gesteine stecken noch in den Kinderschuhen. Solche Lockergesteine sind Kies- und Sandablagerungen, die an Flüssen oder Meeresküsten entstehen. Aus ihnen entwickeln sich in Jahrmillionen zum Beispiel Sandsteine.

Verwitterung

So hart Stein auch zu sein scheint, unverwüstlich ist er nicht! Wasser kann Stein zum Beispiel zum Bersten bringen. Wenn Wasser in feine Ritzen des Gesteins einsickert und gefriert, dehnt es sich aus und sprengt das Gestein auseinander. Aber auch Schadstoffe in der Luft wie Kohlendioxid oder Wurzeln von Pflanzen lassen Steine verwittern.

Erosion

Auch die Erosion, die Abtragung, setzt Steinen zu. Dabei werden Gesteinsteilchen fortdauernd abgetragen – durch fließendes Wasser, durch Gletscher, Wind oder die Meeresbrandung. So kann man in Gebirgen u-förmige Täler finden, die Gletscher ins Gestein gefräst haben.

Großer Druck oder große Hitze erzeugen metamorphes Gestein:

Marmor

Magmatisches Gestein entsteht, wenn Magma an der Oberfläche abkühlt:

Granit

Basalt

Obsidian

Lies mal weiter!
Seite 10, 18, 108

Mineralien und Edelsteine

Im Erdboden gibt es viele Stoffe, die wir Menschen in ganz unterschiedlicher Weise nutzen. So würzen wir zum Beispiel unser Essen mit Steinsalz oder heizen mit Erdöl. Wir nennen solche Stoffe Bodenschätze.

Mineralien

Wichtige Bodenschätze sind auch die Mineralien. Aus ihnen bestehen alle Gesteine. Wir kennen etwa 2500 Mineralien. Rund 10 davon bilden 90 Prozent der Erdkruste.

Wertvolle Erze

Einige Gesteine enthalten Metalle wie Gold oder Silber. Diese sogenannten Erze zählen zu den wertvollsten Mineralien. Um das Metall zu gewinnen, werden die Erze in Bergwerken abgebaut. Durch Erhitzen wird das Metall herausgelöst.

Auf Goldsuche

In goldhaltigen Flüssen gewinnt man Gold einfach durch „Goldwaschen". Man füllt goldhaltigen Flusssand in eine runde Schale, die unten eine kleine Mulde hat. Die Schale schwenkt man unter einem leichten Wasserstrom hin und her. Dadurch wird der leichtere Sand weggeschwemmt, und die schwereren Goldteilchen sammeln sich in der Mulde.

Silber wird zu Schmuck, Besteck und Münzen verarbeitet.

Gold ist hellgelb und glänzt. Daraus wird vor allem Schmuck gemacht.

Goldrausch: Wird eine Fundstelle bekannt, strömen viele Goldsucher dorthin.

Geschliffene Diamanten
heißen Brillanten.

Was Edelsteine edel macht

Manche Mineralien sind so hart, dass man sie schneiden, schleifen, polieren und zu Schmuck verarbeiten kann. Von allen Mineralien gelten nur etwa 70 als Edelsteine. Edelsteine bestechen durch ihre schöne Farbe, ihre reine Struktur und ihr Funkeln, da sie das einfallende Licht brechen. Das machte sich auch der römische Kaiser Nero zunutze, der angeblich einen Smaragd als „Sonnenbrille" trug!

Erst wenn der Rubin
geschliffen wird,
erhält er seinen Glanz.

17. April 1849

Endlich hat es aufgehört zu regnen. Das macht es uns allen hier einfacher, Gold zu schürfen. Und den Traum vom großen Nugget weiter zu träumen. Für meinen Kumpel Henry ist er schließlich auch wahr geworden. Puh, ein richtig nettes 18-Gramm-Goldklümpchen hat er gefunden. Und was hat er damit gemacht? Er hat alles am Pokertisch verspielt. Das passiert mir sicher nicht! Aber es wird immer schwieriger: Jetzt sind schon fast 80 000 Glückssucher hier in Sacramento. Was soll's: Wer rastet, der rostet!

Aus dem Tagebuch eines Goldsuchers

Du entscheidest selbst:
- Was ist schwarzes Gold?
  ➡ Seite 42/43
- Welche Bewegungen macht die Erde? ➡ Seite 148

Smaragde sind sehr
selten.

Lies mal weiter!
Seite 10, 38, 42

Noch mehr Bodenschätze

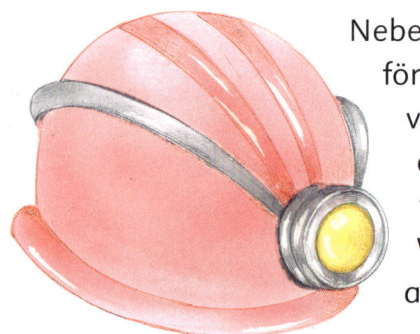

Neben Mineralien und Edelsteinen fördern und gewinnen wir noch viele andere Bodenschätze aus den Tiefen der Erde. So nutzen wir Kohle und Erdöl, um Wärme zu erzeugen oder aber als Treibstoff für unsere Autos.

Kaum zu glauben

Der Begriff Kumpel für einen richtig guten Freund stammt aus dem Bergbau. Wahrscheinlich, weil sich Bergleute tief im Berg aufeinander verlassen können.

Leicht zu fördern

Lagerstätten von Bodenschätzen nahe der Oberfläche sind am einfachsten abzubauen. Bergarbeiter fördern sie im Tagebau, indem sie die darüberliegenden Schichten einfach wegsprengen oder mit riesigen Baggern abtragen. Diese sind so hoch wie ein mehrstöckiges Wohnhaus.

Untertagebau

Wenn Kohle, Erze oder andere Bodenschätze tief in der Erde liegen, müssen im Untertagebau Schächte und Stollen gegraben werden. Sie können bis zu 3000 Meter tief in die Erde hineinragen. In Europa gibt es aber immer weniger Bergwerke. Denn viele Lagerstätten sind mittlerweile ausgebeutet.

In einem Steinkohle-Bergwerk wird die Steinkohle aus den Flözen herausgelöst.

Fördergerüst

Förderturm

Abraumhalde

Korb und Gegengewicht

Förderschacht

Flöz

Stollen

Kohlenabbau

Aus Pflanzen entstanden

Unsere Steinkohlevorkommen
stammen aus einer Zeit vor rund
300 Millionen Jahren. Damals er-
streckten sich weite Sümpfe mit
Farnen und Bäumen über die Erde.
Starben die Pflanzen ab und wurden
von Wasser bedeckt, so bildeten
sich dort Torfmoore. Im Laufe der
Zeit lagerten sich darauf Sand und
Schlamm ab. Der Druck dieser
Schichten und die Bewegungen der
Erdkruste ließen zusammen mit
vulkanischer Hitze Kohle entstehen.

Schwarzes Gold

Genauso wertvoll ist Erdöl, das aus
abgestorbenen Pflanzen und Kleinst-
lebewesen entstanden ist. Nach Erdöl muss man meist mit großem Aufwand bohren, da es tief in der Erde
liegt – zum Beispiel unter der
Nordsee.

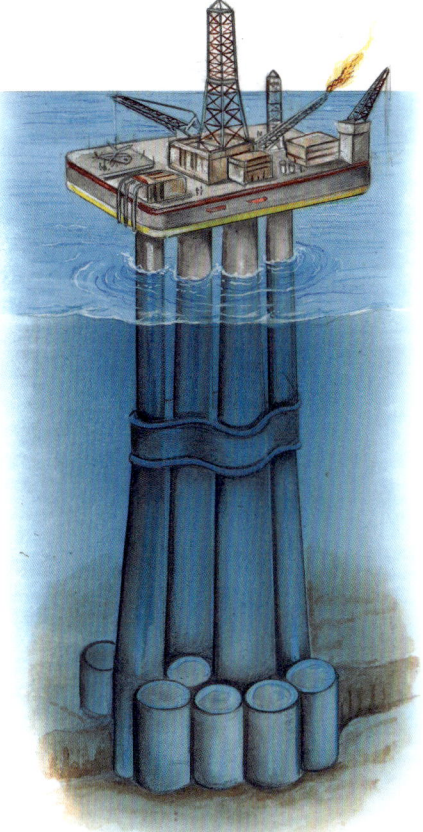

**Feste Ölförder-Platt-
formen eignen sich
für den küstennahen
Bereich.**

**Bis zu einer Tiefe von
300 Metern verankert
man Halbtaucher über
dem Bohrloch.**

Lies mal weiter!
Seite 38, 40

Wind, Wolken, Regen und andere Wetterphänomene

Die meisten Menschen freuen sich über schönes Wetter, doch für die Wetterforscher ist es viel interessanter, wenn sich an der Wetterfront etwas tut. Gespannt beobachten sie, wie plötzlich Wind aufkommt und sich die Wolken verändern. Vielleicht fängt es an zu regnen oder es gibt sogar Hagel? Besonders faszinierende Wetterphänomene sind Gewitter mit Blitz und Donner.

Die Winde

Die Luft um uns bewegt sich ständig, manchmal weht eine leichte Brise, manchmal ein kräftiger Wind. Die Sonne heizt die Erdoberfläche auf. Das Land und die Luft darüber werden schneller erwärmt als das Wasser. Die warme Luft über dem Land wird leichter und steigt nach oben, es entsteht ein kleines Tiefdruckgebiet. Die kühle und schwerere Luft über dem Wasser strömt nach und sinkt nach unten. Dort entsteht ein Hochdruckgebiet. Unten angekommen, erwärmt sich die kalte Luft und steigt auf. Diese Bewegungen der Luft nehmen wir als Wind wahr. Die Luft bewegt sich immer vom Hochdruck- zum Tiefdruckgebiet. Je größer der Druckunterschied dazwischen ist, desto stärker weht der Wind.

Orkan über Deutschland

München, 19. Januar Ein Tief über dem Ostatlantik war Auslöser für den Orkan Kyrill, der gestern mit 110 km/h über Deutschland hinwegfegte. Zum Teil wurden sogar Windböen von 202 km/h gemessen! Brücken wurden gesperrt, der Verkehr war stark behindert. Schulen, Kindergärten und Universitäten blieben geschlossen. Elf Menschen kamen ums Leben, zahlreiche wurden verletzt. Auch heute ist die Situation noch chaotisch – Tausende Menschen haben weiterhin keinen Strom.

Die Windstärken

Wind kann unterschiedlich stark wehen. Der englische Admiral Sir Francis Beaufort erstellte im Jahr 1805 auf Grundlage von Naturbeobachtungen eine Windskala von 0 bis 12. Diese nach ihm benannte Beaufort-Skala ist noch heute gültig.

Windstärken nach der Windskala von Beaufort

0
Windstille
bis 1 km/h

1
Leichter Zug
1–5 km/h

2
Leichte Brise
6–11 km/h

3
Schwache Brise
12–19 km/h

4
Mäßige Brise
20–28 km/h

5
Frische Brise
29–38 km/h

6
Starker Wind
39–49 km/h

7
Steifer Wind
50–61 km/h

8
Stürmischer Wind
62–74 km/h

9
Sturm
75–88 km/h

10
Schwerer Sturm
89–102 km/h

11
Orkanartiger Sturm
103–117 km/h

12
Orkan
ab 118 km/h

Tageszeitliche Winde

An warmen und sonnigen Tagen
weht an der Küste immer ein Wind
von der See zum Land: der Seewind. Er entsteht, weil das Festland
schneller von der Sonne erwärmt
wird als das Meer. Die warme Fest-
landsluft steigt auf und die kühlere
Luft strömt vom Meer nach. Nachts
kühlt sich dagegen das Festland
schneller ab als das Wasser und es
weht Wind vom Land auf das Meer
hinaus: der Landwind.

Landwind: Nachts
speichert das Wasser
Wärme. Warmluft steigt
auf, Kaltluft vom Land
fließt nach.

Du entscheidest selbst:
• Was ist ein Willy-Willy?
 ➡ Seite 60/61
• Wie entsteht ein Monsun?
 ➡ Seite 62/63

Seewind:
Über dem Land
steigt Warmluft
auf, Kaltluft vom
Wasser fließt nach.

Bei Föhn, einem typischen
Wind in den Alpen,
hat man oft sehr gute
Fernsicht.

Lies mal weiter!
Seite 54, 61, 63

Die Wolken

Wolkenarten

Federwolken

Schleierwolken

Schäfchenwolken

Haufenwolken

Regenwolken

Je nach Wetter und Landschaft können Wolken unterschiedlich aussehen. Dennoch gibt es Wolkentypen, die immer wieder auftreten. Federwolken sind hellweiß, dünn und federartig. Schleierwolken sehen wie zarte Schleier aus, Schäfchenwolken bilden Gruppen aus kleinen, weißen „Bällchen". Die bauschig dicken Haufenwolken sind meist Schönwetterwolken. Dichte graue Haufenwolken türmen sich hoch auf und bringen Regen oder Gewitter.

Höhe der Wolken

Wolken werden nach ihrem Aussehen unterschieden und danach wie hoch sie am Himmel stehen: Unterhalb von 2000 Metern gibt es tiefe Wolken, mittelhohe Wolken liegen zwischen 2000 und 6000 Meter und hohe Wolken treten über 6000 Meter auf.

1. Durch die Sonne erwärmte feuchte Luft steigt auf, kühlt ab und kondensiert zu Wassertropfen: Wolken entstehen.

Wie Wolken entstehen

Wolken bestehen aus Millionen von winzigen Wassertröpfchen oder Eiskristallen. Sie entstehen, wenn feuchtwarme Luft, das heißt Luft mit viel Wasserdampf, über der Erde oder dem Wasser aufsteigt. Oben ist es kälter als unten, deshalb kühlt der Wasserdampf ab und wird wieder flüssig: Er kondensiert. Winzige Wassertröpfchen entstehen, verschmelzen miteinander und bilden Wolken. Werden die Wassertropfen zu schwer, fallen sie als Regen auf die Erde.

2. Wenn Warmluft am Berg aufsteigt, bilden sich Regenwolken. Sie bleiben an der Gebirgswand hängen.

3. Trifft eine Schicht Warmluft auf Kaltluft, steigt sie darüber auf. Sie kühlt ab, es bilden sich Wolken.

Wasser fällt als Niederschlag wieder auf die Erde.

Aus dem Wasserdampf bilden sich Tröpfchen. Wolken entstehen.

Wasser verdunstet und wird zu Wasserdampf.

Die Sonnenwärme treibt den Wasserkreislauf an.

Der Wasserkreislauf

Die Wolkenbildung ist Teil eines ständigen Wasserkreislaufs auf der Erde. Durch die Sonneneinstrahlung verdunstet Wasser aus den Meeren, Seen und Flüssen. Es entsteht Wasserdampf, ein Gas, das in die Atmosphäre aufsteigt. Dort kühlt es ab und kondensiert zu Tröpfchen, es bilden sich Wolken. Je nach Temperatur bilden sich in den Wolken Regentropfen, Schneekristalle oder Hagelkörner, die wieder auf die Erde fallen. Dieses Wasser fließt zurück in die Seen, Flüsse und das Meer und verdunstet erneut.

Experiment: Wolken erzeugen

Du brauchst: warmes Wasser, großen Topf, Schale mit Eiswürfeln

1. Fülle den Topf ein paar Zentimeter hoch mit warmem Wasser.
2. Schwenke die Schale mit den Eiswürfeln über dem Topf.
3. Es bilden sich feine Wölkchen. Die Wolken entstehen, weil sich feuchtwarme mit kühler Luft mischt.

Lies mal weiter!
Seite 50, 76

Regen, Schnee und Hagel

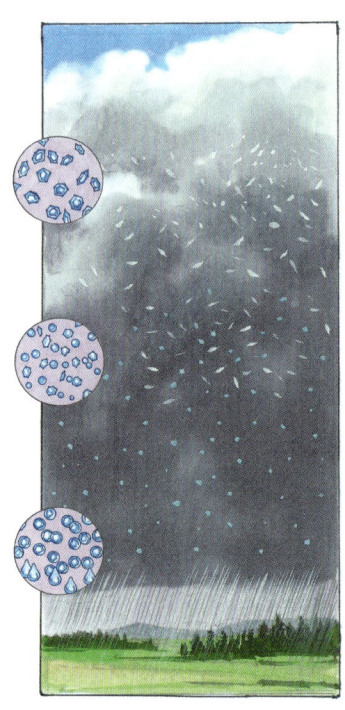

Die Wassertröpfchen in der Wolke werden immer schwerer, bis sie als Regentropfen zu Boden fallen.

Niederschläge gibt es in unterschiedlicher Form: als Regen, Graupel, Hagel oder Schnee. Damit es regnet, muss sich die Luft um eine Wolke abkühlen. Die Wassertröpfchen in der Wolke werden stärker aneinandergedrückt, verschmelzen und sinken ab. Unterwegs verbinden sie sich mit weiteren Tropfen. Irgendwann sind sie so schwer, dass die Regentropfen aus der Wolke zur Erde fallen.

Verschiedene Regenarten

Sprüh- oder Nieselregen ist feiner Regen mit sehr kleinen Tröpfchen. Wenn sich in kalten Wolken Eiskristalle gebildet haben, vereinen sich diese zu Schneeflocken. Die Flocken fallen aus der Wolke, tauen manchmal aber in einer wärmeren Luftschicht wieder auf und kommen als große Regentropfen auf der Erde an. Graupel entsteht, wenn Regentropfen oder angetaute Schneeflocken durch eine sehr kalte Luftschicht unter der Regenwolke fallen. Die Tropfen gefrieren dann zu kleinen Eiskörnern, dem Graupel. Egal, in welcher Form Regen vom Himmel fällt: Er kann im Boden versickern, in Gewässer abfließen, von Pflanzen aufgenommen werden oder verdunsten.

Für die Natur ist Regen lebenswichtig, nur dann können Pflanzen wachsen und gedeihen.

Hagelkörner können über 10 cm groß und mehr als 1 kg schwer sein!

Du entscheidest selbst:
- Wie kam es zur Jahrhundertflut an der Elbe? ➡ Seite 40/41
- Regnet es auch in der Wüste? ➡ Seite 42/43

Vorsicht, Hagel

Hagel entsteht, wenn die Eiskristalle aus den Wolken auf ihrem Weg zum Boden durch starke Aufwinde immer wieder nach oben gewirbelt werden. Dadurch lagert sich immer mehr Eis an und die Eiskristalle werden schwerer und schwerer.

Es schneit!

Schneesterne werden durch Eiskristalle in den Wolken gebildet. Sie verbinden sich, werden schwerer und sinken als Schneeflocken zur Erde. Fast immer sind Schneesterne sechsarmig. Ihre Form hängt von der Temperatur ab. Ist es sehr kalt, sind die Flocken klein und nadelartig. Bei Temperaturen um den Gefrierpunkt sind sie größer und verzweigter.

Schnee erscheint weiß, weil die vielen Eiskristalle das Licht sehr gut reflektieren.

Jede Schneeflocke ist einzigartig, keine sieht wie die andere aus.

Lies mal weiter!
Seite 76, 78, 82

Nebel, Tau, Reif und Eis

Tautropfen lassen sich auch auf Spinnennetzen nieder.

Im Herbst und im Winter kann man vor allem morgens und abends eine besondere Wettererscheinung beobachten: den Nebel. Nebel ist nichts anderes als eine Wolke dicht über dem Boden. Er entsteht, wenn sich die Luft abends oder nachts so stark abkühlt, dass der darin enthaltene Wasserdampf zu Tröpfchen kondensiert. Kalte Luft kann nämlich weniger Wasserdampf aufnehmen als warme Luft. Je stärker die Luft abkühlt, desto mehr Tröpfchen bilden sich und desto dichter wird der Nebel. Sobald die Sonne wieder scheint, löst sich der Nebel bald auf: Die Wärme lässt das Wasser verdunsten, der dabei entstehende Wasserdampf ist unsichtbar.

Was ist Tau?

Im Sommer entdeckt man nach einer kühlen, klaren Nacht an Gräsern, Blättern und Pflanzen oft feine Tautröpfchen. Sie fallen nicht vom Himmel, sondern sie bilden sich, wenn die bodennahe Luft nachts abkühlt. Am frühen Morgen kondensiert dann der überschüssige Wasserdampf in der Luft zu kleinen Tröpfchen, die sich an den Pflanzen und am Boden absetzen. Die Temperatur, bei der sich Tau bildet, heißt Taupunkt.

Nebel besteht aus vielen feinen Wassertröpfchen dicht über dem Erdboden.

Reif

Wenn sich nachts der Boden unter 0 Grad Celsius abkühlt, wird der in der Luft enthaltene Wasserdampf direkt zu Eis – ohne vorher zu Tau zu kondensieren. Die dabei entstehenden Eiskristalle nennt man Reif. Oft ist es schön anzusehen, wenn Bäume, Wiesen oder Dächer von einer dünnen, weißen Schicht überzogen sind.

Schön, aber gefährlich: Eis

Wasser gefriert bei Temperaturen unter 0 Grad Celsius zu Eis. Wenn Seen und Teiche zugefroren sind, freuen sich die Kinder darüber. Entsteht dagegen Glatteis auf den Straßen, wird es gefährlich. Das passiert, sobald Regen auf gefrorenen Boden trifft und gefriert. Glatteis gibt es häufig am Ende einer winterlichen Kälteperiode.

Reif besteht aus Eiskristallen, die sich an Pflanzen oder Gegenständen anlagern.

Teste dein Wissen!

Wie heißt Wasserdampf, der zu Eis wird?

(Reif)

Wenn es draußen sehr kalt ist, entstehen innen am Fenster oft Eisblumen.

Liebe Britta,
endlich ist der Weiher in unserem Dorf zugefroren! Gleich nach den Hausaufgaben treffen wir uns jetzt immer zum Schlittschuhlaufen. Morgen wollen wir Eishockey spielen. Ich hoffe, unsere Mannschaft gewinnt!
Viele Grüße
Marcus

Lies mal weiter!
Seite 48, 67, 79

Naturgewalt Gewitter

Kaum zu glauben

Ein Blitz kann bis zu 30 000 Grad Celsius heiß werden.

Blitze suchen den kürzesten Weg zur Erde. Deshalb schlagen sie oft in hohe Bäume ein.

An schwülen, heißen Sommertagen gibt es nachmittags häufig Gewitter, sogenannte Wärmegewitter. Damit ein Gewitter entstehen kann, muss die Luft sehr feucht sein. Im Sommer heizt die Sonne Erde und Gewässer stark auf. Die erwärmte, feuchte Luft steigt schnell nach oben und kühlt ab. Kalte Luft kann weniger Feuchtigkeit speichern als warme Luft. Deshalb bilden sich Wolken – zuerst kleine, dann immer größere, bis zu 10 Kilometer hohe Haufenwolken.

Chaos in den Wolken

Solche Gewitterwolken sind die größten Wolken, die es gibt. Wetterforscher nennen sie Cumulonimbus-Wolken. Oben in den Wolken ist es sehr kalt, die Wassertropfen gefrieren dort zu Eiskristallen, unten bleiben sie flüssig. Kräftiger Wind wirbelt die Eiskristalle und Wassertropfen immer wieder durcheinander. Dabei verbinden sie sich zu größeren Teilchen. Wenn sie so schwer sind, dass die Winde sie nicht mehr hochwirbeln können, fallen sie als Regen oder Hagel zur Erde.

Heute sind Andi und ich mit dem Fahrrad ins Schwimmbad gefahren. Wir waren eine Weile im Wasser, da kam plötzlich ein Gewitter auf. Es ist ganz dunkel geworden. Wir sind schnell aus dem Wasser raus, haben unsere Sachen geholt und uns beim Kiosk untergestellt. Dann ging's auch schon los! Es hat geblitzt und gedonnert. Gut, dass wir im Trockenen standen!

Was tun, wenn es blitzt?
- Auf freiem Feld eine Mulde suchen, in die Hocke gehen, Arme um den Körper schlingen.
- Nicht unter Bäumen unterstellen.
- Im Schwimmbad das Wasser sofort verlassen.
- Im Auto oder im Haus bleiben.
- Zu Hause Stecker von Fernseher und Computer ziehen.

Vorsicht Blitz!

Beim Zusammenstoßen von Wassertropfen und Eiskristallen in der Gewitterwolke entsteht elektrische Ladung. Der obere, kältere Teil der Wolke ist meist positiv geladen, der untere, wärmere Teil negativ. Irgendwann kommt es zur Entladung zwischen positiven und negativen Teilchen – es blitzt!

Blitzableiter schützen Menschen und Gebäude vor den gefährlichen Blitzen.

Es donnert!

Auf dem Weg zur Erde erhitzt der Blitz die Luft sehr stark. Die Luft dehnt sich explosionsartig aus. Ist sie schneller als der Schall, donnert es. Blitz und Donner treten gleichzeitig auf. Weil sich Licht aber schneller als Schall ausbreitet, sehen wir zuerst den Blitz. Will man wissen, wie nah das Gewitter ist, zählt man die Sekunden zwischen Blitz und Donner. Diese Zahl teilt man durch drei und erhält die Entfernung des Gewitters in Kilometern.

Du entscheidest selbst:
- Was ist ein Wirbelsturm? ➡ Seite 60/61
- Wie funktioniert ein Wettersatellit? ➡ Seite 74/75

Lies mal weiter! Seite 48, 62

Teste dein Wissen!

Wie nennt man einen weißen Ring um die Sonne?

(Halo)

Die Regentropfen zerlegen das Licht in die Spektralfarben.

Manchmal kann man am Himmel merkwürdige Lichterscheinungen beobachten. Sie treten auf, wenn das Sonnenlicht auf Wassertropfen oder Eiskristalle fällt. Das Licht wird dann gebrochen, das heißt in seine verschiedenen Farben zerlegt. Normalerweise erscheint uns Sonnenlicht weiß oder gelb, tatsächlich aber besteht es aus verschiedenen Farben, den sogenannten Spektralfarben. Jede Farbe hat ihre eigene Wellenlänge. Langwelliges Licht ist rot, dann folgen Orange, Gelb, Grün, Blau und das kurzwellige Violett.

Regenbogen

Wir sehen einen Regenbogen, wenn es regnet und hinter unserem Rücken die Sonne steht. Trifft das Sonnenlicht auf die Regentropfen, wird es gebrochen: Wir sehen einen bunten Regenbogen am Himmel. Oft gibt es neben dem Hauptregenbogen noch einen zweiten, schwächeren Nebenregenbogen. Er entsteht dadurch, dass das Licht in den Regentropfen zweimal reflektiert wird.

Polarlichter treten
in verschiedenen Farben
auf.

Halo

Wenn das Sonnenlicht nicht auf
Regentropfen, sondern auf Eiskristalle trifft, spalten diese das Licht
in weiße oder mehrfarbige Ringe.

Es entsteht ein sogenannter Halo,
ein dünner, meist weißer Ring, der
die Sonne umgibt. Ein Halo ist oft
Vorbote für schlechtes Wetter.

**Ein Halo sieht wie
ein Heiligenschein aus,
der die Sonne umgibt.**

Polarlicht

In den Polarregionen treten besonders schön anzusehende Lichterscheinungen am Himmel auf:
die farbigen Polarlichter. Sie entstehen durch elektrisch aufgeladene
Teilchen, die von der Sonne mit
bis zu 1600 Kilometern in der Stunde
ins Weltall geschleudert werden. In
Erdnähe werden die Teilchen vom
Magnetfeld der Pole angezogen und
zum Leuchten angeregt.

Lies mal weiter!
Seite 72, 79

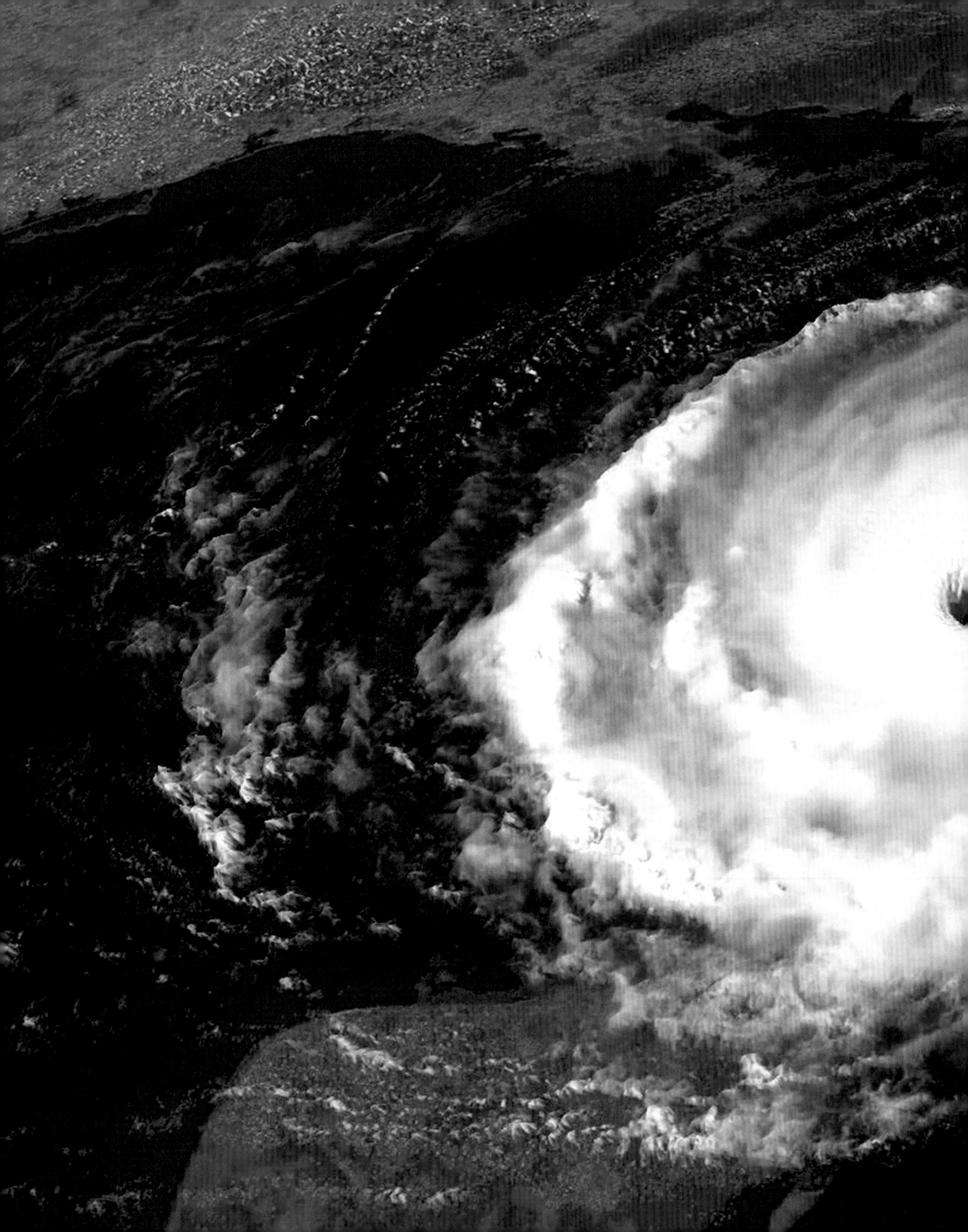

Wenn das Wetter verrücktspielt

Extreme Wetterverhältnisse sind oft Thema in den Nachrichten. Einmal toben heftige Wirbelstürme über einer Region und richten enorme Schäden an. Oder es kommt durch starken Regen zu schlimmen Überflutungen oder Erdrutschen. Anderswo fällt monatelang kein Tropfen Wasser und alles trocknet aus. Auch Naturereignisse wie El Niño bringen das Wetter durcheinander, oft weltweit.

Wirbelstürme

Viel gefährlicher als ein Gewitter sind Wirbelstürme, die verheerende Verwüstungen anrichten. Tornados sind kleine Wirbelstürme, die am häufigsten in den USA vorkommen – selten auch in Europa. Sie zerstören Häuser, entwurzeln Bäume, lassen Autos durch die Luft fliegen.

Ein gewaltiger Strudel

Ein Tornado entsteht, wenn unter einer großen Gewitterwolke warme Luft spiralförmig aufsteigt. Die Drehbewegungen werden immer schneller und enger. An der Unterseite der Wolke bildet sich ein „Schlauch", der sich zur Erde bewegt. Dort fegt der Tornado mit rasender Geschwindigkeit über den Boden und nimmt alles mit, was ihm unterwegs begegnet.

Ein Tornado fegt über das Land und nimmt alles mit, was auf seinem Weg liegt.

Die Fujita-Skala und die Tornadoschäden:

F0
unter 118 km/h, leichte Schäden

F1
118 bis 180 km/h, mäßige Schäden

F2
181 bis 253 km/h, erhebliche Schäden

F3
254 bis 332 km/h, ernste Schäden

F4
333 bis 419 km/h, verheerende Schäden

F5
420 bis 512 km/h, katastrophale Schäden

Hurrikane

Ein anderer gefährlicher Wirbelsturm ist der Hurrikan, der riesige Gebiete zerstören kann. Er entwickelt sich in den Tropen über warmen Meeren. Wasserdampf und warme Luft steigen schnell auf, ein Tiefdruckgebiet entsteht. Um dieses Gebiet drehen sich spiralförmig heftige Winde, die bis zu 300 Kilometer pro Stunde schnell sein können. Im Auge des Hurrikans ist es dagegen windstill.

Solche tropischen Wirbelstürme gibt es auch in anderen Gebieten: in Indien heißen sie Zyklon, in China und Japan Taifun und in Australien nennt man sie Willy-Willy.

Hallo Moritz,
du kannst dir nicht vorstellen, was hier los ist! Ein Hurrikan ist über unseren Ferienort hinweggebraust. Viele Häuser sind abgedeckt, auch unser Hotel ist beschädigt. Wir müssen morgen abreisen.
So ein Mist, ich fand es echt toll hier in Florida!
Viele Grüße Tim

In der Mitte des Hurrikans befindet sich das windstille „Auge".

Teste dein Wissen!

Wie nennt man einen tropischen Wirbelsturm in Indien?

((Zyklon))

Lies mal weiter!
Seite 74

Monsune und El Niño

Monsun

Der Begriff Monsun kommt vom arabischen Wort „mawsim" und bedeutet übersetzt „(für die Seefahrt) geeignete Jahreszeit". Er bezieht sich auf die jahreszeitlich wechselnden Winde.

In den Tropen und Subtropen entstehen jedes Jahr beständig wehende Winde, die Monsune. Sie wechseln halbjährlich ihre Richtung: Man spricht daher von Sommer- und Wintermonsunen. Besonders ausgeprägt ist der Monsun am Indischen Ozean.

Wochenlanger Regen

Im Sommer erhitzt die Sonne das Land stark. Die warme Luft steigt auf und vom Meer strömt kalte Luft nach. So entsteht der Sommermonsun, der vom Meer zum Land weht. Er bringt gewaltige Wolken und damit Regenfälle mit sich, die das trockene Land dringend braucht. Oft regnet es wochenlang und es kommt zu Überschwemmungen. Im Winter strömt die kühlere Luft vom Land auf das wärmere Meer.

Sehr starker Monsunregen kann zu Überschwemmungen führen.

Das Korallensterben durch zu warmes Wasser ist eine Folge von El Niño.

El Niño: Auf der einen Seite des Pazifiks regnet es wochenlang, auf der anderen herrscht Trockenheit.

Passatwinde

Normalerweise weht über dem Südpazifik beständig der Passatwind. Er drückt das warme Wasser des Meeres in Richtung Australien. Vor Südamerika kann kaltes Wasser aufsteigen, das viele Nährstoffe für die Meerestiere bringt. Der Passat nimmt auf seinem Weg viel Feuchtigkeit auf, die vom Meer verdunstet. Dadurch entstehen große Wolkenfelder, die später den Monsunregen nach Asien bringen.

El Niño

Alle drei bis sieben Jahre lässt der Passatwind über dem Südpazifik aber zeitweise nach. Westwinde drücken jetzt das Wasser, das sich weiter aufheizt, in entgegengesetzte Richtung, nach Südamerika. Die Nährstoffe für die Meerestiere fehlen im warmen Wasser und über Land entstehen nun starke Regenfälle. In Asien dagegen fehlt der Regen, es kommt dort zu Dürren und Waldbränden. Wo es also sonst trocken ist, regnet es, und wo es regnet, herrscht große Trockenheit.

El Niño

Der Begriff „El Niño" kommt aus dem Spanischen und bedeutet übersetzt „das Christkind". Denn diese Meeresströmung tritt alle 3 bis 7 Jahre um die Weihnachtszeit auf.

Bei El Niño suchen Robben vergeblich nach Beute: Im warmen Wasser wandern die Fische ab.

Du entscheidest selbst:
- Welche Klimazonen gibt es?
➡ Seite 82/83
- Wie wird das Klima der Zukunft aussehen?
➡ Seite 90/91

Lies mal weiter!
Seite 64, 82

Überflutungen

Jedes Jahr richten Überschwemmungen überall auf der Welt riesige Schäden an. Überschwemmungen können verschiedene Ursachen haben: In tropischen Regionen spielen Monsunwinde eine wichtige Rolle, während in Nordamerika häufig Hurrikane die Auslöser sind. Auch in Europa kommt es zu Überflutungen, zum Beispiel durch extreme Regenfälle oder Sturmfluten.

Kaum zu glauben

Seit 1906 hat es an der deutschen Nordseeküste 10 Sturmfluten gegeben!

Sturmflut an der Küste

An der Nordseeküste kann es durch die ausgeprägten Gezeiten – Ebbe und Flut – zu gefährlichen Sturmfluten kommen. Lang anhaltende Stürme aus Nordwesten drücken die Wassermassen an die Küste. Auch bei Ebbe ist der Wasserstand dann hoch und nimmt bei Flut weiter zu. Die Folge sind Überschwemmungen.

Die Sturmfluten an der Nordseeküste setzen Straßen und Häuser unter Wasser.

Flut an der Elbe

Interview mit Dr. Klimatis

Dr. Klimatis, wie kommt es immer wieder zum Hochwasser an der Elbe?

Durch heftige, andauernde Regenfälle in den Alpen, im Erzgebirge und im Riesengebirge.

Was passiert dann?

Die Wassermassen versickern nicht mehr im Boden und mehrere Flüsse, vor allem die Elbe, treten über ihre Ufer.

Kann so etwas wieder passieren?

Ausschließen kann man das nicht, aber seit der sogenannten „Jahrhundertflut" im Jahr 2002 wurde der Hochwasserschutz in den gefährdeten Gebieten sehr verbessert.

Vielen Dank für das Gespräch Dr. Klimatis!

Hochwasser

Im Jahr 2002 führten extreme Niederschläge zu großflächigen Überschwemmungen an Elbe und Donau auf einer Länge von 800 Kilometern. Deutschland, Österreich, Tschechien und die Slowakei waren davon betroffen.

Schutz vor Hochwasser

In Hochwasser gefährdeten Gebieten werden zum Schutz Deiche aus Erde gebaut. Sie sollen das Wasser abhalten. An den Mündungen großer Flüsse schützen gewaltige Sperrwerke gegen Hochwasser.

Die Jahrhundertflut von 2002 hat entlang der Elbe große Schäden angerichtet. Die Luftaufnahme zeigt die überflutete Stadt Dresden.

Lies mal weiter!
Seite 62, 91

Extreme Temperaturen

Waldbrände wie 2007 in Griechenland zerstören jedes Jahr große Waldflächen.

In Deutschland freuen wir uns meist über Sonnenschein und warmes Sommerwetter. Doch in anderen Regionen der Erde hat zu große Hitze katastrophale Folgen. Wenn es über einen längeren Zeitraum zu heiß ist und nicht regnet, sterben die Pflanzen ab. Oft werden so ganze Ernten zerstört. Manchmal trocknet der Boden so stark aus, dass nichts mehr wächst.

Dürre und ihre Folgen

In einigen Regionen der Erde kommt es jedes Jahr durch extreme Hitze und Trockenheit zu gefährlichen Waldbränden. Sie zerstören nicht nur den Wald, sondern auch die Ernten und bedrohen Häuser und Menschen. Bei anhaltender Dürre wird oft das Trinkwasser knapp. In den Trockenwüsten der Erde ist wenig Regen normal. Oft regnet es dort im Jahr weniger als 200 Milliliter – das entspricht gerade mal einer Tasse Wasser! In manchen Wüsten fällt jahrelang kein Regen.

In den trockenen heißen Sandwüsten der Erde regnet es nur selten.

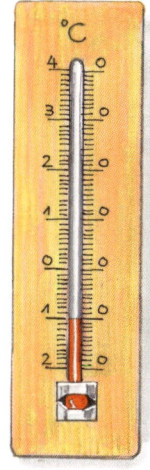

Kaum zu glauben

Die niedrigste Temperatur, die je in Deutschland offiziell gemessen wurde, waren −37,8 °C.

Kälte, Eis und Schnee

Im Winter sind in vielen Regionen der Erde Temperaturen unter dem Gefrierpunkt, also unter 0 Grad Celsius, normal. Die Natur hält in dieser Zeit Winterschlaf und ruht sich aus. In Deutschland ist meist der Januar der kälteste Monat des Jahres. In der Antarktis ist es dagegen das ganze Jahr sehr kalt. Die Temperatur liegt dort im Durchschnitt bei −55 Grad Celsius. Der kälteste Ort der Welt liegt ebenfalls in der Antarktis: Wostok. Dort wurden am 21. Juli 1983 −89,2 Grad Celsius gemessen.

Lieber Tom,

viele Grüße aus unserem Winterurlaub in Bayern! Es ist total kalt hier: −12 Grad Celsius. Und seit gestern schneit es die ganze Zeit. Heute mussten Papa und ich unser Auto richtig ausgraben. Es war gar nicht mehr zu sehen! Aber man kann dafür auch ganz toll Ski fahren! Bis bald,
Alex

Du entscheidest selbst:
• Warum sieht Schnee weiß aus?
➡ Seite 50/51
• Wie heiß war es im Rekordsommer 2003?
➡ Seite 84/85

Im Winter 2001 lag in Sibirien meterhoch Schnee und die Temperaturen fielen auf bis zu −50 °C.

Lies mal weiter!
Seite 50, 62

Wetterforschung und Wettervorhersage

Zu allen Zeiten haben die Menschen versucht, das Wetter zu erklären und vorherzusagen. Einige Völker glaubten früher, dass die Götter für das Wetter verantwortlich seien. Später versuchten kluge Köpfe, das Wetter naturwissenschaftlich zu erklären. Heute helfen moderne Wettersatelliten dabei, den Wetterbericht zu erstellen und möglichst genaue Vorhersagen zu machen.

Frühe Wetterforscher

Schon vor 5000 Jahren schrieben Babylonier und Ägypter ihre Wetterbeobachtungen auf. Kein Wunder, denn die Menschen waren seit jeher vom Wetter abhängig. Bevor man das Wetter aber wissenschaftlich erklären konnte, hielten die Menschen es für das Werk von Göttern. Die Griechen glaubten gleich an mehrere Wettergötter: Boreas war zum Beispiel für rauhe Nordwinde verantwortlich, Notos dagegen für die stürmischen Südwinde.

Mächtige Wettergötter

Vor allem das Gewitter musste göttlichen Ursprungs sein. Die Germanen glaubten, dass der Wettergott Thor mit seinem Hammer Blitz und Donner erzeugte. Einige Indianerstämme dachten, dass ein riesiger Vogel mit seinen Flügelschlägen den Donner hervorrief.

Wettergötter
- Boreas: griechischer Gott des Nordwindes
- Notos: griechischer Gott des Südwindes
- Thor (Donar): germanischer Wettergott
- Lei Kung: chinesischer Donnergott
- Tlaloc: aztekischer Regengott

Die alten Ägypter beteten zum Sonnengott Ra.

Wichtige Schritte der frühen Wetterforschung

- um 1593 erstes einfaches Thermometer
- 1644 erstes Barometer
- 1657 erstes Hygrometer (Feuchtigkeitsmesser)
- 1686 erste Wetterkarte
- 1714 erstes Thermometer mit Gradskala
- 1742 Einführung der Celsius-Temperaturskala
- 1752 Blitz wird als elektrische Ladung erkannt
- 1805 Beaufort-Skala zur Bestimmung der Windstärke
- 1820 erste Wetterkarte
- 1835 der Coriolis-Effekt wird entdeckt

Im „Turm der Winde" in Athen erforschte man seit dem 1. Jh. n. Chr. Wind und Sonnenstand.

Mit einem Thermometer misst man die Temperatur.

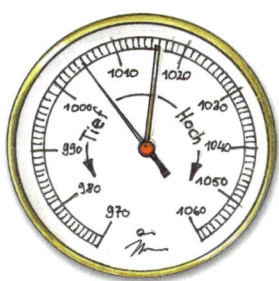

Am Barometer kann man den aktuellen Luftdruck ablesen.

Wie viel Feuchtigkeit in der Luft ist, zeigt das Hygrometer.

„Erfinder" der Meteorologie

Im 4. Jahrhundert v. Chr. versuchte der Philosoph Aristoteles in seinem Buch „Meteorologica" eine wissenschaftliche Erklärung des Wetters. Eine seiner Theorien war, dass der Wind und das Wasser einer Quelle entspringen. Instrumente zur Messung des Wetters gab es damals noch nicht.

Große Wetterforscher

Im 16. Jahrhundert entwickelte Galileo Galilei das erste Thermometer zur Messung der Temperatur. Unsere Temperaturskala in Grad Celsius wurde erst 1742 von dem Schweden Anders Celsius aufgestellt. 1644 erfand der Italiener Evangelista Torricelli das Barometer, mit dem man den Luftdruck messen kann. Später folgten das Hygrometer zur Messung der Luftfeuchtigkeit und das Anemometer, mit dem man die Windgeschwindigkeit misst. 1780 wurde in Mannheim die „Pfälzische Meteorologische Gesellschaft" gegründet. Sie errichtete die ersten weltweiten Wetterstationen. Das Wetterstationsnetz umfasste 39 Stationen.

Lies mal weiter!
Seite 56, 74, 78

Die Wetterstation

Um zuverlässige Wettervorhersagen machen zu können, müssen die Meteorologen, wie man die Wetterforscher nennt, ständig Daten zum Wetter sammeln. Wetterstationen auf der Erde sind dafür unentbehrlich. Tausende solcher Wetterstationen sind weltweit aufgestellt und erfassen mit verschiedenen Messgeräten wie Thermometer, Barometer und Hygrometer das aktuelle Wetter. Es gibt analoge und digitale elektrische Wetterstationen. Analoge Wetterhütten sind kleine Kästen aus Holz. Im Inneren befinden sich mehrere Messinstrumente,

außerhalb ein Regenmesser und ein Windmast mit Anemometer.

Digitale Wetterstationen

Bei analogen Wetterhütten müssen die Daten noch direkt abgelesen werden. Das ist bei modernen, digitalen Geräten nicht mehr nötig. Sie bestehen meist aus einer automatisch arbeitenden Basisstation mit vielen Sensoren. Die Sensoren messen die Wetterdaten und leiten sie an die Basisstation weiter. Von dort werden sie in Deutschland zur Zentrale des Deutschen Wetterdienstes in Offenbach übermittelt.

Eine Wetterstation mit den wichtigsten meteorologischen Messgeräten.

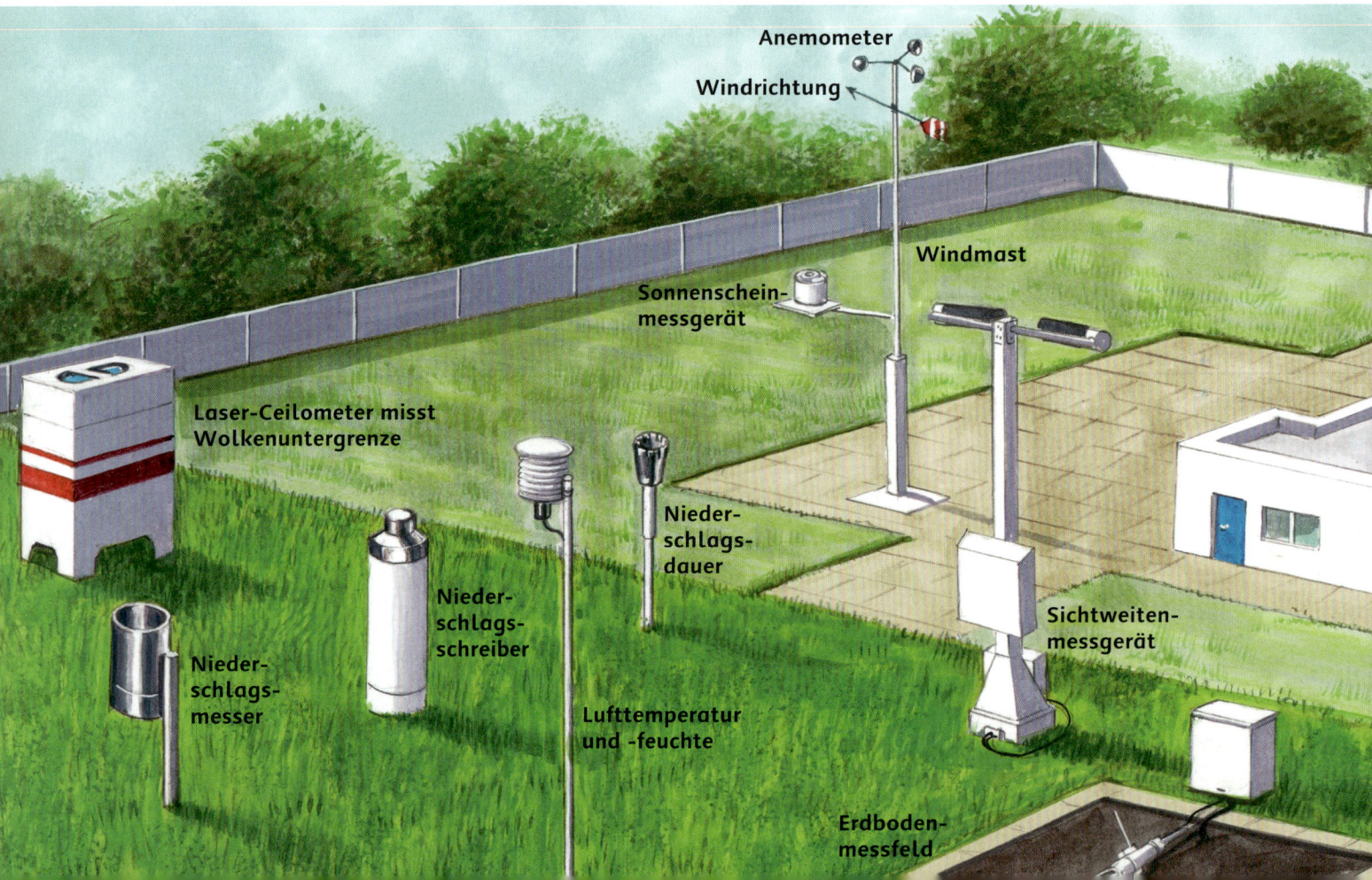

Bastele dir einen Feuchtigkeitsmesser

Du brauchst: 1 Kiefern-, Tannen- oder Fichtenzapfen

1. Lege den Zapfen auf das Fensterbrett oder an einen vor Regen geschützten Platz im Garten.
2. Nun warte ab: Bei trockener Luft öffnen sich die Schuppen des Zapfens (1). Bei feuchter Witterung schließen sie sich wieder (2).

(1)   (2)

Tag und Nacht übermitteln automatische Wetterstationen ihre Daten an eine riesige Datenbank.

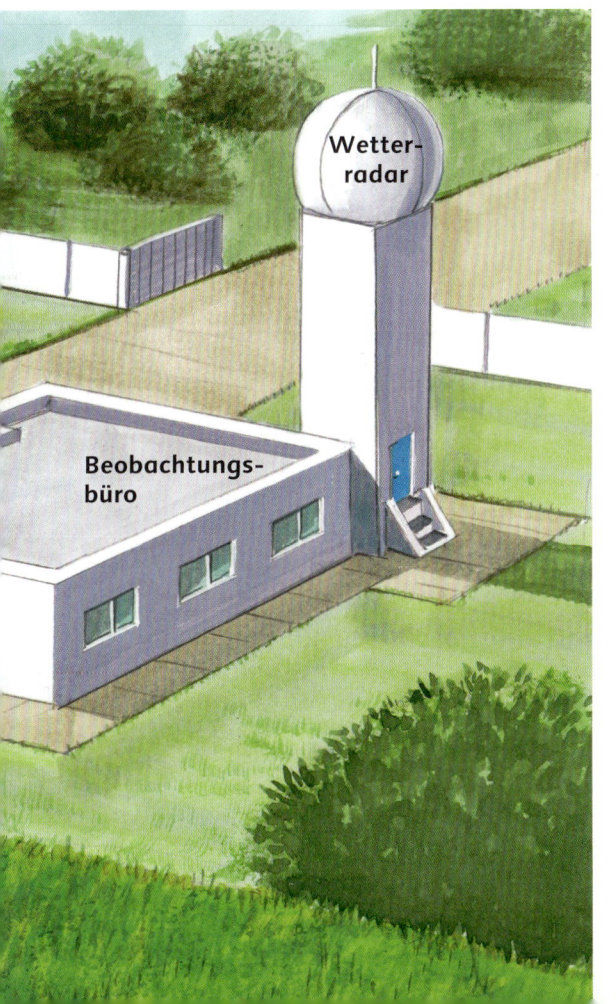

Wetter-radar

Beobachtungs-büro

Meteorologische Messgeräte

Das bekannteste Messgerät ist das Thermometer. Es gibt verschiedene Arten, die mit Flüssigkeiten oder elektrisch arbeiten und die aktuelle Temperatur anzeigen. Ein Hygrometer ermittelt die aktuelle Luftfeuchtigkeit. Mit dem Barometer stellt man den Luftdruck fest. Auch das geht heute elektrisch. Das Anemometer gibt Aufschluss über die Windverhältnisse. Es dreht sich umso schneller, je stärker der Wind bläst. Mit einem Regenmesser kann man anhand eines Messzylinders die gefallene Niederschlagsmenge bestimmen.

Kaum zu glauben

Der Deutsche Wetterdienst (DWD) misst an rund 2000 Stationen die Niederschläge in Deutschland!

Lies mal weiter!
Seite 50, 52, 76

Wettersatelliten & Co.

Wettersatelliten

Der Wettersatellit MetOp-A liefert viele wichtige Daten und Informationen für Meteorologen, Umweltwissenschaftler und Klimaforscher. MetOp fliegt in 820 Kilometern Höhe um die Erde und sammelt Daten zu Temperatur, Feuchtigkeit, Windgeschwindigkeit und Ozon.
Er soll zuverlässigere und längere Wettervorhersagen ermöglichen und die Beobachtung von Hurrikanen und die globale Klimaüberwachung verbessern.

Sogar vom Weltraum aus werden heute mit modernen Wettersatelliten Daten über das Wetter auf der Erde gesammelt.

Die modernen MetOp-Satelliten umkreisen die Erde 14-mal pro Tag.

Wettersatelliten

Die Satelliten umkreisen die Erde in großer Höhe und senden ihre Informationen regelmäßig und automatisch zur Erde. Sie machen Fotos von der Wolkendecke, nehmen Temperaturbilder des Meeres und der Wolkenoberfläche auf und messen die Feuchtigkeit und Windgeschwindigkeit in der Troposphäre. Diese Informationen ermöglichen zuverlässige und genaue Vorhersagen über mehrere Tage. Durch die Informationen der Wettersatelliten können auch Hurrikane und Orkane frühzeitig erkannt werden.

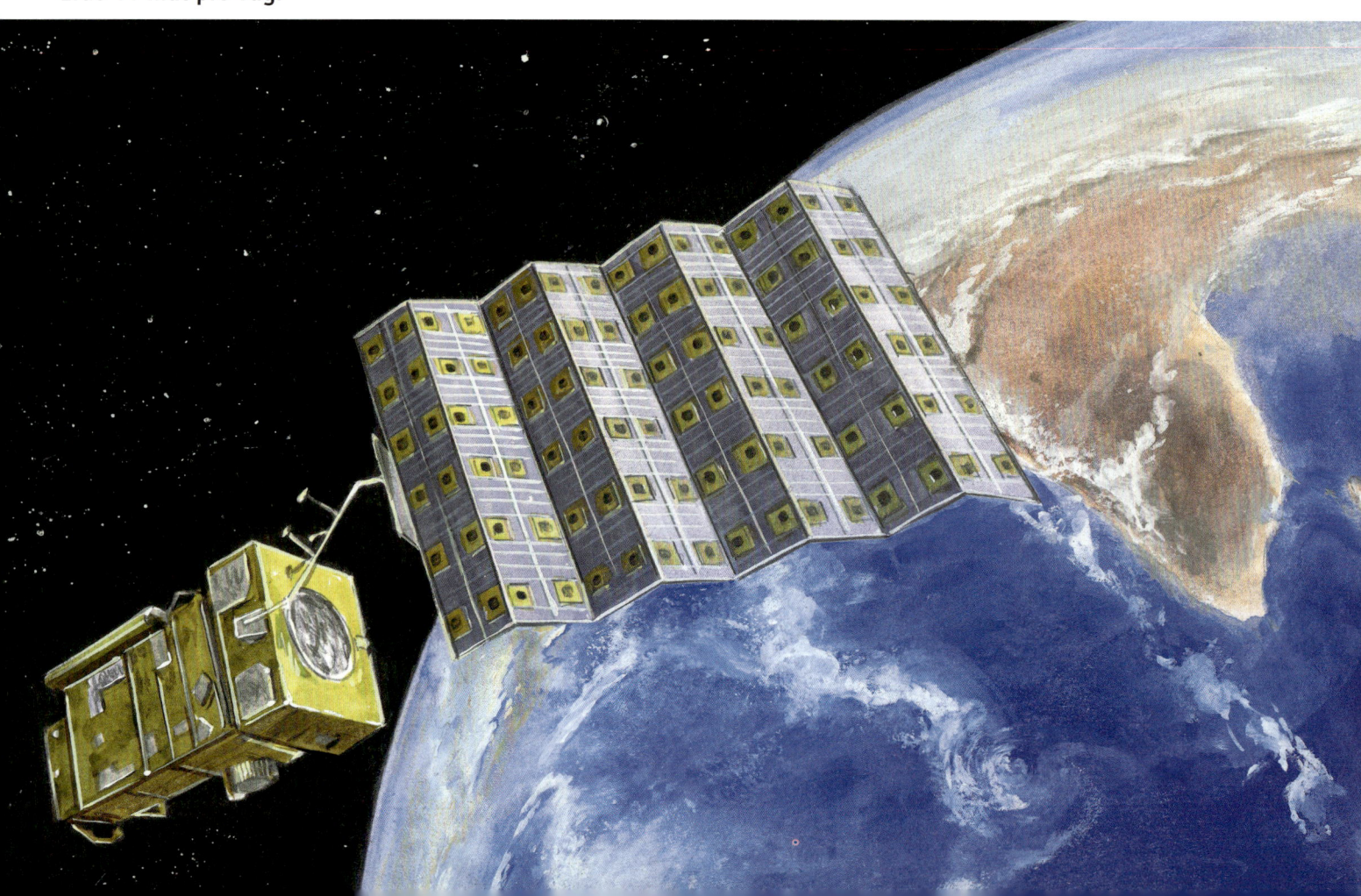

Wetterballons messen in der Atmosphäre Luftdruck, Feuchtigkeit und Temperatur.

Daten sammeln

Neben den Wettersatelliten sammeln die Meteorologen auch mit Wetterballons Wetterdaten in den höheren Schichten der Atmosphäre. Täglich steigen etwa 3000 Wetterballons von Bodenstationen oder Schiffen auf. An dem Ballon ist eine Sonde befestigt, die Luft-druck, Feuchtigkeit, Temperatur und Wind messen kann. Ein Funksender übermittelt die Daten zur Erde. Der Ballon dehnt sich immer mehr aus, je höher er steigt, da der Luftdruck geringer wird. In rund 30 Kilometer Höhe platzt der Ballon und die Sonde segelt mit einem kleinen Fallschirm zur Erde zurück. Die verschiedenen Wetterdaten werden von den Wetterdiensten gesammelt, ausgewertet und zu Wetterkarten verarbeitet.

Auf den Meeren stellen Wetterbojen das aktuelle Wetter fest.

Du entscheidest selbst:
• Können Frösche das Wetter vorhersagen? ➡ Seite 78/79

Lies mal weiter!
Seite 60, 70

Der Wetterbericht

Der Wetterbericht entsteht ähnlich wie ein Puzzle: Die Daten der verschiedenen Wetterstationen und Messungen zu Land, zu Wasser oder in der Luft werden in einer riesigen Datenbank gesammelt. Große Computer verarbeiten diese Daten, berechnen das Wetter für die nächsten Stunden und Tage und erstellen komplizierte Wetterkarten. Auf dieser Grundlage fertigen die Meteorologen den Wetterbericht an, den wir Tag für Tag mit Spannung erwarten.

Die Wetterkarte

Eine Wetterkarte zeigt, wie das Wetter ist oder wie es wird. Auf einer solchen Karte gibt es verschiedene Symbole, die uns über Temperatur, Luftdruck, Windrichtung, Windgeschwindigkeit, Bewölkung, Sonne und Regen informieren. Außerdem zeigen die Karten die Bewegungen von Hochs, Tiefs und Wetterfronten an. Die Hochs sind mit einem H, die Tiefs mit einem T gekennzeichnet. Die Linien um diese Gebiete heißen Isobaren, sie geben den Luftdruck an.

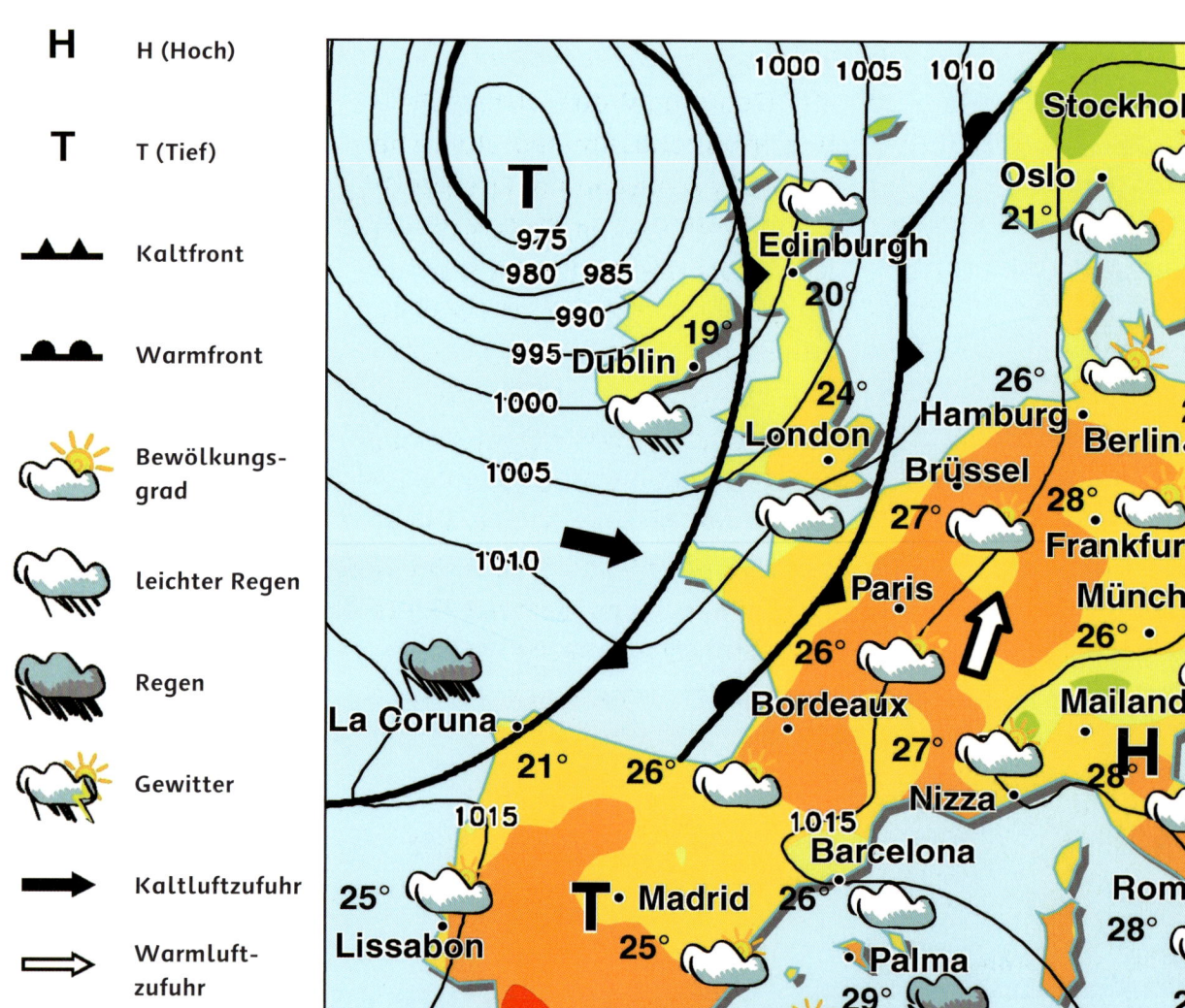

H — H (Hoch)

T — T (Tief)

▲▲ — Kaltfront

●● — Warmfront

— Bewölkungsgrad

— leichter Regen

— Regen

— Gewitter

→ — Kaltluftzufuhr

⇒ — Warmluftzufuhr

Spezielle Computerprogramme werten die Wetterdaten aus. Dann beginnt die Arbeit des Meteorologen.

Wie wird das Wetter?

Interview mit Dr. Klimatis

Dr. Klimatis, wie zuverlässig sind die Wettervorhersagen heute eigentlich?

Mittlerweile sind sie recht zuverlässig. Wir können mit etwa 90 Prozent Sicherheit Vorhersagen für die nächsten 2 bis 3 Tage treffen.

Aber manchmal wird das Wetter dann doch anders. Wie kommt das?

Das liegt am Wetter selbst. Manchmal verändern sich die Vorgänge in der Atmosphäre sehr schnell und anders als der Computer es vorausberechnet hat. Und ganz selten kann es auch zu falschen Messwerten kommen, wenn etwa an einer Wetterstation ein Gerät kaputt ist. Ganz sicher kann man also nie sein.

Dann gibt es ja immer noch etwas Hoffnung, dass das Wetter besser wird als gedacht!

Wie wird das Wetter

Der Deutsche Wetterdienst (DWD) ist der nationale meteorologische Dienst in Deutschland. Er erstellt Wettervorhersagen für Fernsehen und Radio und für Schifffahrt und Landwirtschaft. Er warnt vor wetterbedingten Gefahren wie Orkanen und überwacht das Klima und seine Veränderungen in Deutschland. Seine Zentrale ist in Offenbach am Main. Von dort aus ist er mit allen Wetterdiensten der Welt verbunden. Dort befindet sich auch das Deutsche Meteorologische Rechenzentrum, das die Wettervorhersagen erstellt.

Du entscheidest selbst:
• Was macht man, wenn es blitzt?
➡ Seite 54/55

Lies mal weiter!
Seite 84, 90

Wetterboten in der Natur

Bienen summen bei der Nahrungssuche. Das gilt als Zeichen für schönes Wetter.

Schon seit jeher haben die Menschen die Natur beobachtet, um das Wetter vorherzusagen. So bemühten sich zum Beispiel die Mönche in den Klöstern, das Wetter und seine Gesetze zu verstehen. Auch die Bauern studierten tagein, tagaus die Veränderungen des Himmels und das Verhalten von Tieren und Pflanzen. Aus ihren Beobachtungen zogen sie Rückschlüsse auf das Wetter und die Folgen für ihre Arbeit.

Bauernregeln

Die Bauern sammelten ihre Erfahrungen über lange Zeit und leiteten daraus sogenannte „Bauernregeln" ab. Sie wurden oft in Reime gefasst. Viele dieser Regeln sind erhalten geblieben und uns heute noch geläufig. Manche Bauernregeln lassen sich wissenschaftlich erklären, andere entspringen eher dem Aberglauben.

Kaum zu glauben

Tau ist im Herbst fast immer ein Zeichen für gutes Wetter!

Lostage

Bauernregeln beziehen sich oft auf Lostage. So nennt man bestimmte Tage im Jahr, die Vorhersagen über das Wetter der folgenden Zeit ermöglichen. Solch ein Tag ist zum Beispiel der 2. Februar – Lichtmess: „Ist es an Lichtmess hell und rein, wird's ein langer Winter sein."

Bauernregeln

- Morgenrot – Schlechtwetter droht; Abendrot – Gutwetterb(r)ot.
- Wirft der Maulwurf seine Hügel neu, währt der Winter bis zum Mai.
- Hüpfen Eichhörnlein und Finken, siehst du schon den Sommer winken.
- Ist der Mai kühl und nass, füllt's dem Bauern Scheun und Fass.
- Fliegen die Schwalben in den Höh'n, kommt ein Wetter, das ist schön.
- Regnet's am Siebenschläfertag, der Regen sieben Wochen nicht weichen mag.
- Frösche auf Stegen und Wegen deuten auf baldigen Regen.

Früher glaubte man, dass das Wetter schön wird, wenn der Laubfrosch auf seiner Leiter nach oben klettert.

Schäfchenwolken zeigen veränderliches Wetter an.

Das Wetter beobachten

Wolken sind verlässliche Wetterboten. Denn Form, Aussehen und Höhe der Wolken verraten uns viel über die Entwicklung des Wetters in den nächsten Stunden. Wenige kleine Haufenwolken deuten meist auf schönes Wetter hin, während viele Schichtwolken schlechtes Wetter ankündigen und Schäfchenwolken veränderliches Wetter anzeigen.

Farben am Himmel

Viele glauben, dass Abendrot schönes Wetter ankündigt, während Morgenrot dagegen schlechtes Wetter verheißt. Oft stimmt diese Regel sogar.

Du entscheidest selbst:
• Welche Wolkenarten gibt es?
  ➡ Seite 48/49
• Wie entsteht Tau?
  ➡ Seite 52/53

Abendrot gilt als Zeichen für schönes Wetter.

Lies mal weiter!
Seite 48, 52

Das Klima der Erde

Auf der Erde lassen sich fünf große Klimazonen unterscheiden. Das Klima auf der Erde verändert sich mit der Zeit. Schon immer gab es Klimaschwankungen. Heutzutage tragen auch wir Menschen zur Klimaveränderung bei: Wir produzieren mehr Kohlendioxid, das in die Atmosphäre steigt, das schadet der Erde. Aber jeder kann etwas für den Klimaschutz tun!

Verschiedene Klimazonen

Wenn man das Wetter eines bestimmten Gebietes über mehrere Jahrzehnte beobachtet, stellt man immer wiederkehrende Wetterverhältnisse fest. Sie bestimmen das Klima dieser Region. Das Klima unterscheidet sich je nach Lage des Gebietes auf der Erdkugel.

Klimazonen der Erde

Rund um die Erde verlaufen große Gebiete, in denen das Klima recht einheitlich ist. Man unterscheidet folgende Klimazonen: die polaren Gebiete am Nord- und Südpol, die boreale Zone auf der Nordhalbkugel, die gemäßigten Breiten, die Subtropen und die Tropen.

Die Polargebiete

Rund um Nordpol und Südpol herrscht fast immer Dauerfrost. Die Temperaturen können im Winter unter −60 Grad Celsius fallen. Im Sommer erreichen sie nie mehr als 10 Grad Celsius. In diesen extremen Verhältnissen leben nur wenige Menschen, Pflanzen und Tiere.

Pinguine gehören zu den wenigen Tierarten, die in den südlichen Polargebieten leben.

- Polare Zone
- Boreale Zone
- Gemäßigte Breiten
- Subtropen
- Tropen

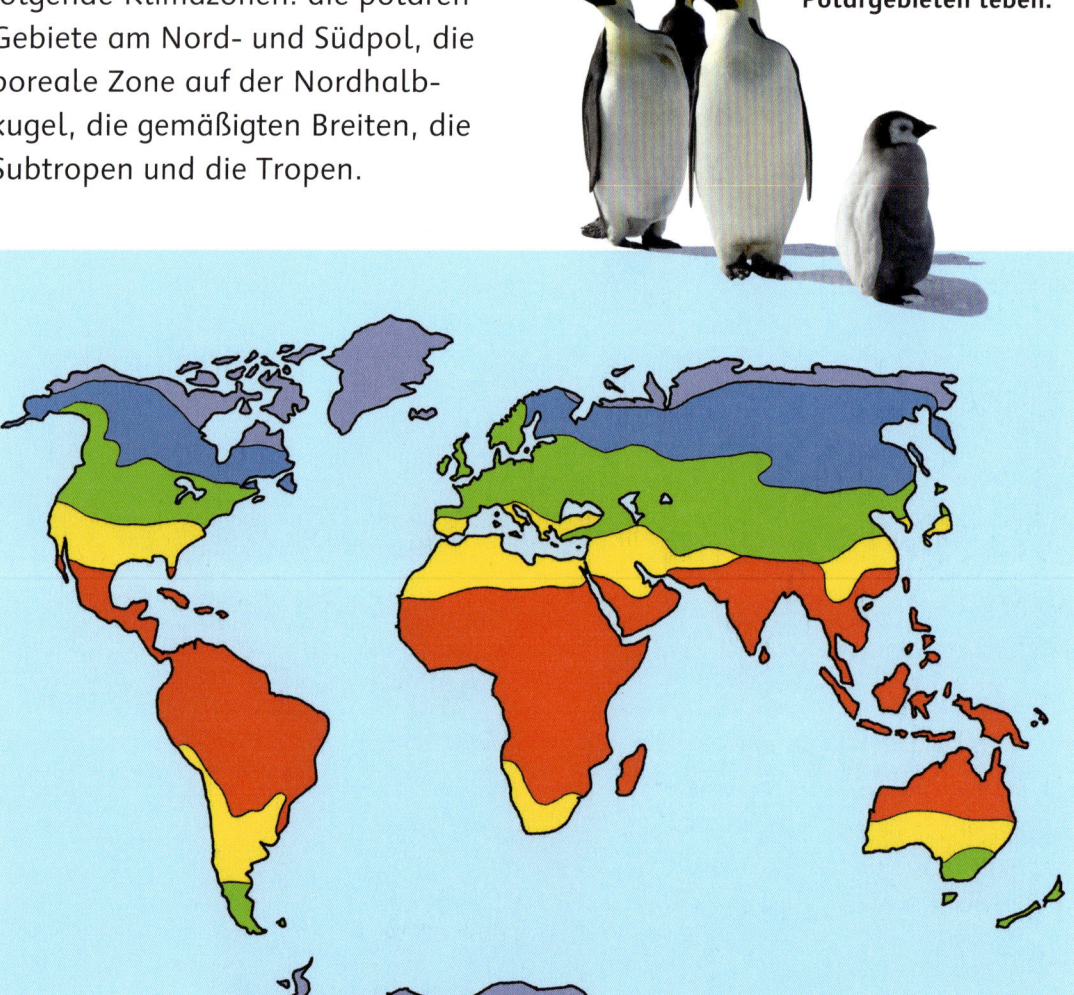

Die boreale Klimazone

Diese Klimazone gibt es nur auf der Nordhalbkugel, da auf der Südhalbkugel in diesen Breiten kaum Festland existiert. Die Temperaturen steigen nur kurze Zeit über zehn Grad Celsius, der Winter dauert sechs Monate. Hier herrschen Nadelwälder und Moore vor.

Die typische Vegetation der borealen Zone sind Nadelwälder.

Die gemäßigten Breiten

Europa gehört zur gemäßigten Zone. Die Jahresmitteltemperaturen liegen zwischen 5 und 20 Grad Celsius. Im Winter wird es selten kälter als −10 Grad Celsius. Ganzjährige Niederschläge sorgen für ausreichend Wasser. Die Lebensbedingungen für Menschen, Tiere und Pflanzen sind ideal.

Typisch für die gemäßigten Breiten sind Nadel-, Laub- und Mischwälder.

Tukane leben vor allem in tropischen Wäldern.

Die Subtropen

Die Subtropen liegen etwa zwischen 20 und 40 Grad nördlicher beziehungsweise südlicher Breite. Dort gibt es Savannen, Steppen und auch Wüsten. In Europa zählt der Mittelmeerraum zu den Subtropen.

In den Subtropen gibt es häufig Savannen.

Die Tropen

In den inneren Tropen um den Äquator ist es sehr heiß und feucht. Intensive Sonneneinstrahlung lässt das Wasser schnell verdunsten, es regnet viel. In den äußeren Tropen ist es trockener, es gibt Savannen und Wüsten.

Du entscheidest selbst:
• Was sind Eiszeitalter?
➡ Seite 86/87

Lies mal weiter!
Seite 60, 88

Das Klima in Europa

In Europa herrscht hauptsächlich ein gemäßigtes Klima mit kühlen Wintern und warmen Sommern. In den weit vom Meer entfernten Gebieten sind die Temperaturunterschiede im Allgemeinen größer. Innerhalb Europas kennt man das mediterrane Klima, das maritime Klima und das Kontinentalklima.

Das mediterrane Klima

Typisch für das mediterrane Klima sind heiße, trockene Sommer. Die Winter sind mild, meist gibt es keinen Frost, aber es regnet viel.

Maritimes Klima

Das maritime Klima ist vom Meer beeinflusst. Es ist durch gemäßigte Temperaturen und geringe Temperaturschwankungen gekennzeichnet. Die Sommer sind mäßig warm, die Winter mild und regenreich. Typisch sind relativ starke Winde.

Kontinentalklima

Das Kontinentalklima ist von großen Temperaturschwankungen, kalten Wintern und warmen Sommern bestimmt. Niederschläge fallen das ganze Jahr über.

Im Mittelmeerraum müssen sich Pflanzen an sommerliche Hitze und Trockenheit anpassen.

In Wien sind die Winter oft kalt, die Sommer können ziemlich warm sein – typisch für das Kontinentalklima.

In Amsterdam herrscht maritimes Klima: Es ist ganzjährig relativ mild.

Einfluss des Golfstroms

Das Klima in Westeuropa wird stark vom Golfstrom beeinflusst. Mit dieser Meeresströmung gelangt warmes Wasser aus dem Golf von Mexiko an die europäischen Küsten.

Klima in Deutschland

Deutschland liegt im Übergangsbereich zwischen maritimem Klima in Westeuropa und Kontinentalklima in Osteuropa. Je nach Region gibt es deutliche Klimaunterschiede: Im Süden von Deutschland sind die Winter kalt, dafür bringt der Föhn oft warmes Wetter, im Norden sind die Winter milder und es regnet häufiger. Im Westen ist das Klima besonders mild, während im Osten im Winter oft ein kalter Ostwind bläst.

Rekordhitze in Europa!

Der Sommer 2003 in Europa war ein „Jahrhundertsommer": Seit 500 Jahren war es nicht mehr so heiß! An 68 Tagen war es mindestens 25 °C warm und an 23 Tagen sogar mindestens 30 °C. In Deutschland wurden die höchsten Temperaturen in Karlsruhe und Freiburg gemessen: Am 9. und 13. August schwitzten die Menschen dort bei über 40 °C! Meteorologen führen den Rekordsommer auf ein ausgedehntes, stabiles Hoch über Deutschland zurück. Es ist wahrscheinlich, dass wir solche Sommer in Zukunft öfter erleben werden.

Selten extremes Klima

Extreme Wetterbedingungen wie Dürre, Hitze oder Tornados sind in Deutschland selten. Manchmal treten Orkane auf. Häufiger sind Hochwasser oder Überschwemmungen, besonders nach Gewittern.

Lies mal weiter!
Seite 46, 65

Eiszeiten und Warmzeiten

Das Klima der Erde war nie stabil. Immer wieder gab es sogenannte Eiszeitalter, in denen die Pole und große Teile des Festlands mit Eis bedeckt waren. Innerhalb eines Eiszeitalters wechselten sich Kalt- oder Eiszeiten und Warm- oder Zwischeneiszeiten ab. In der Erdgeschichte gab es vier große Eiszeitalter. Vor rund zwei bis drei Millionen Jahren begann das vierte, noch heute andauernde, das Quartär. In diesem befinden wir uns in einer wärmeren Zwischeneiszeit.

Kleine und große Kaltzeiten

Die letzte Kaltzeit endete vor etwa 10 000 Jahren. Damals gab es in Skandinavien Gletscher, große Teile von Nordeuropa und Nordamerika waren von Eis bedeckt. In Mitteleuropa waren die Winter lang und sehr kalt. Auch in Zukunft wird es solche Kaltzeiten geben; Forscher erwarten die nächste in frühestens 5000 Jahren. Kleinere Kälteperioden gab es häufiger, so erlebte Europa zwischen 1450 und 1850 die sogenannte „Kleine Eiszeit".

In der letzten Eiszeit lebten in Europa Mammuts.

Ein Gletscher ist eine riesige, feste Eismasse in Hochgebirgen und Polargebieten.

Spuren der Eiszeiten

Woher wissen wir, wie sich das Klima verändert hat? Darüber geben uns abgelagerte Gesteinsschichten und darin enthaltene Fossilien, das sind Tier- und Pflanzenreste vergangener Zeiten, Aufschluss. Aber auch Bohrungen im Polareis helfen dabei. Dort werden Eisbohrkerne entnommen, die Luftbläschen, Pollen oder Staub enthalten. Sie liefern uns Informationen über das damalige Klima.

An den Jahresringen eines Baumstamms kann man das Klima früherer Zeiten ablesen.

Du entscheidest selbst:
- Wo liegt der kälteste Ort der Welt?
  ➡ Seite 66/67
- Was können wir für den Klimaschutz tun?
  ➡ Seite 92/93

Fossilien sind Reste oder Abdrücke früherer Pflanzen oder Tiere.

Lies mal weiter!
Seite 50, 90

Klimawandel heute

Je mehr Treibhausgase wir produzieren, desto wärmer wird es auf der Erde.

Durch das Ozonloch gelangen mehr schädliche UV-Strahlen auf die Erde.

Klimaforscher haben festgestellt, dass in den letzten 150 Jahren der Anteil des Kohlendioxids in der Luft um ein Drittel gestiegen ist. Dafür sind wir Menschen verantwortlich: Denn Kohlendioxid entsteht, wenn Holz, Kohle, Erdöl und Erdgas verbrannt werden, also beim Roden von Wäldern, in Industrieanlagen, durch Autos, Flugzeuge und in jedem Haushalt.

Natürlicher Treibhauseffekt

Eigentlich ist Kohlendioxid ein natürlicher Bestandteil der Atmosphäre, der für den „natürlichen Treibhauseffekt" wichtig ist. Es verhindert, dass die Sonnenwärme komplett wieder ins Weltall abgestrahlt wird.

Zu viel Kohlendioxid verstärkt aber den natürlichen Treibhauseffekt. Dadurch erwärmt sich die Erde immer mehr. Auch die Ozonschicht oberhalb der Troposphäre wurde geschädigt. Es bildete sich ein Ozonloch, durch das mehr für den Menschen schädliche UV-Strahlen auf die Erde gelangen.

Die Folgen der Erderwärmung: Gletscher und Polareis schmelzen, der Meeresspiegel steigt.

Autoabgase tragen erheblich zum Klimawandel bei.

Die Temperaturen steigen weiter

Die Temperaturen auf der Erde werden bis zum Jahr 2100 vermutlich doppelt so schnell steigen wie im vergangenen Jahrhundert: Es könnte bis zu 4 °C wärmer werden. Bereits in den vergangenen 100 Jahren stieg die Temperatur um rund 1 °C an. Elf der zwölf wärmsten Jahre seit Beginn der Temperaturaufzeichnungen (1850) lagen zwischen den Jahren 1995 und 2006. Verursacher dieser Erwärmung sind wir Menschen. Zu diesem Ergebnis kommt der neue Klimabericht der Vereinten Nationen (UN). Seit 1988 untersuchen ungefähr 2500 Forscher aus 124 Ländern im Auftrag der UN und der Weltorganisation für Meteorologie den Klimawandel und seine Folgen.

Lebenswichtige Wälder

Eine weitere Ursache für die Erderwärmung ist das großflächige Abholzen von Wäldern durch die Menschen. Bäume und andere Pflanzen brauchen zum Wachsen Kohlendioxid, das sie aus der Luft holen. Wenn große Wälder zerstört werden, wird auch weniger Kohlendioxid durch Pflanzen aus der Luft gefiltert. Zusätzlich entsteht durch das Abbrennen der Wälder weiteres Kohlendioxid. Dies verstärkt wiederum den Treibhauseffekt.

Der Regenwald

Besonders dramatisch ist das Abholzen des Regenwaldes, der als „grüne Lunge" der Erde gilt. Der Regenwald ist ein unentbehrlicher Wasserspeicher und Lebensraum für viele Tiere und Pflanzen. Die Folgen sind dramatisch: Immer mehr Pflanzen- und Tierarten sterben aus.

Über die Hälfte des Regenwaldes wurde bereits vernichtet.

Du entscheidest selbst:
• Was ist El Niño?
➡ Seite 62/63

Lies mal weiter!
Seite 82, 92

Das Klima der Zukunft

Dass sich das Klima auf unserer Erde verändert, ist inzwischen unbestritten. Aber was genau wird passieren? Diese Frage beschäftigt Klimaforscher in aller Welt.

Auswirkungen des Klimawandels

Wahrscheinlich ist, dass sich durch die Erderwärmung die Klimazonen verschieben werden. Das Eis der Gletscher und an den Polen wird weiter schmelzen, es kommt verstärkt zu Überschwemmungen. Der steigende Meeresspiegel bedroht bereits heute Länder wie Bangladesch oder die Niederlande, aber auch Norddeutschland. Durch die Erwärmung der Meere werden Stürme möglicherweise an Stärke zunehmen. Manche Meeresströmungen werden schwächer, andere gewinnen neue Kraft. Es wird vielerorts auch etwas mehr Regen geben, da die wärmere Luft mehr Feuchtigkeit aufnehmen und transportieren kann. In anderen Gegenden wie Südspanien oder Australien wird es dagegen immer weniger regnen.

Wenn die Temperatur steigt und es weniger regnet, können Flüsse und Seen austrocknen.

Folgen für den Menschen

Die Trockenheit wird für viele Menschen Hungersnöte zur Folge haben. Gleichzeitig verwüsten anderswo Stürme und Überschwemmungen Land und Städte. Solche Naturkatastrophen werden vor allem die Menschen in den sogenannten Entwicklungsländern treffen.

Tiere und Pflanzen

Der Lebensraum vieler Tier- und Pflanzenarten wird sich durch die Erderwärmung nach Norden verschieben. Pflanzen und Tiere aus dem Mittelmeerraum könnten in Mitteleuropa überleben. Andere Arten werden sich an die neuen Bedingungen anpassen oder aussterben.

Der Meeresspiegel wird bis zum Jahr 2100 um voraussichtlich 86 Zentimeter ansteigen.

Klimaforschung

Interview mit Dr. Klimatis

Dr. Klimatis, warum sind sich die Forscher nicht sicher, wie sich das Klima verändern wird?
Weil viele der Klimadaten, mit denen sie arbeiten, aus der Vergangenheit stammen.

Was heißt das genau?
Sie untersuchen Eisbohrkerne, Gesteinsproben, Baumringe oder Satellitenbilder zum Bei-spiel. Daraus die Zukunft vorherzusagen, ist nicht so einfach.

Wird denn der Klimawandel alle gleich treffen?
Sicherlich gibt es Gewinner und Verlierer. Betreffen wird der Klimawandel alle Länder, besonders hart aber die Entwicklungsländer.

Vielen Dank für das Gespräch.

Durch die Erderwärmung werden sich Insekten und Schädlinge weiter ausbreiten.

Der Eisbär gehört zu den Tierarten, die durch den Klimawandel besonders bedroht sind.

Lies mal weiter!
Seite 74, 82, 87

Klimaschutz

Ältere Industrieanlagen stoßen viel Kohlendioxid aus.

Windenergie erzeugt umweltfreundlichen Strom.

Dass es auf der Erde wärmer wird, lässt sich nicht mehr verhindern. Wenn der Ausstoß von Treibhausgasen reduziert wird, können wir aber noch beeinflussen, wie schnell sich das Klima verändert und wie viel wärmer es wird. Vor allem die Industrieländer müssen dazu beitragen. 1997 beschlossen im japanischen Kyoto viele Länder gemeinsame Klimaschutzziele und -maßnahmen. 2008 einigten sich mehrere Länder darauf, bis 2020 den Ausstoß von Treibhausgasen um 20 Prozent senken zu wollen.

Energie sparen

Um Treibhausgase zu reduzieren, müssen wir Energie sparen. Zum Heizen und zur Stromerzeugung verbrennen wir Gas, Kohle, Öl und Holz. Dabei entsteht Kohlendioxid. Wir können Strom und Wärme heute aber auch umweltfreundlich durch Wind- oder Sonnenenergie herstellen. Da die so produzierte Energiemenge aber noch nicht ausreicht, müssen wir auch Strom sparen. Außerdem müssen wir die Wälder und Meere schützen. Denn Pflanzen und Plankton filtern das Kohlendioxid aus Luft und Wasser und produzieren Sauerstoff.

Das Aufforsten von Wäldern ist wichtig für den Klimaschutz.

Maßnahmen für den Klimaschutz
- ▶ Schutz bestehender und Aufforsten neuer Wälder
- ▶ Schutz der Meere
- ▶ Förderung der ökologischen Landwirtschaft
- ▶ Ausbau erneuerbarer Energieformen (z. B. Windenergie)
- ▶ Entwicklung umweltfreundlicher Geräte (z. B. Kühlschränke)
- ▶ Verringerung der Treibhausgase durch weniger Verkehr
- ▶ Strengere Abgasnormen für Autos

Klimaschutz in Deutschland

Deutschland hat sich verpflichtet, seine Treibhausgase von 2008 bis 2012 um 21 Prozent gegenüber dem Stand von 1990 zu senken. Dieses Ziel ist schon fast erreicht. Das war vor allem dadurch möglich, dass Industrieanlagen mit großem Schadstoffausstoß geschlossen wurden. Aber auch der Ausbau von Windkraft- und Solarstromanlagen, also erneuerbarer Energie, hat wesentlich dazu beigetragen.

Du entscheidest selbst:
• Wie ist das Klima in Europa?
➡ Seite 84/85

Moderne Solaranlagen nutzen die Sonnenenergie, um Strom und Wärme zu gewinnen.

Lies mal weiter!
Seite 46, 89, 91

Was kann ich tun?

Jeder Einzelne kann etwas für den Schutz unseres Klimas tun. Das ist gar nicht so schwer.

Energiespar-Tipps

Man sollte zum Beispiel darauf achten, nicht unnötig das Licht brennen zu lassen, Energiesparlampen zu verwenden, im Winter richtig zu heizen und zu lüften und Elektrogeräte immer richtig auszuschalten. Wer überwiegend einheimische Lebensmittel kauft, vermeidet lange Transportwege. Auch weniger Fleisch zu essen hilft, denn etwa ein Fünftel der Treibhausgase produzieren Rinder, Schweine und Schafe. Außerdem sollte man seinen Müll trennen und Mehrwegflaschen kaufen, die immer wieder verwendet werden können.

Ohne großen Aufwand lassen sich im Alltag Strom und Energie sparen.

Das kannst du tun

1) Wasser sparen
2) Elektrogeräte richtig ausschalten
3) Energiesparlampen verwenden
4) Energiesparende Geräte kaufen
5) Regionale und ökologisch angebaute Lebensmittel kaufen
6) Müll trennen und vermeiden
7) Mehrwegflaschen kaufen
8) Weniger Fleisch essen
9) Im geschlossenen Topf kochen
10) Sparsam heizen und richtig lüften („Stoßlüften")

Wer öfter aufs Fahrrad statt ins Auto steigt, tut der Umwelt etwas Gutes.

Besser zu Fuß

Einen wichtigen Beitrag zum Klimaschutz leistet, wer im Alltag öfter das Fahrrad nimmt oder zu Fuß geht, statt sich ins Auto zu setzen. Wenn man sein Auto benutzt, sollte man darauf achten, dass zum Beispiel durch Fahrgemeinschaften jeder Platz besetzt ist. Vor allem Flugzeuge stoßen große Mengen an Schadstoffen aus. Daher ist es besser, möglichst selten zu fliegen und dafür lieber mit der Bahn in den Urlaub zu fahren.

Du entscheidest selbst:
- Wer erstellt in Deutschland Wettervorhersagen?
  ➡ Seite 76/77
- Wie viele Klimazonen gibt es auf der Erde?
  ➡ Seite 82/83

Liebe Thea,
neulich haben wir in der Schule über den Klimawandel gesprochen. Jetzt weiß ich, wie wir etwas für den Klimaschutz tun können. Mama, Papa und Timo machen auch mit: Wir haben nur noch Energiesparlampen, kaufen im Bio-Laden ein und trennen den Müll. Und Papa fährt mit dem Rad zur Arbeit! Supe, oder?
Liebe Grüße, Luise

Thea Schneider
Talstraße 13
99084 Erfurt

Lies mal weiter!
Seite 88, 93

Lebensräume der Erde

Auf der Erde gibt es ganz unterschiedliche Lebensräume, je nachdem auf welchem Kontinent und in welcher Klimazone man lebt. An den Polen ist es eisig kalt, in der Wüste Sahara sehr heiß. Beide Regionen bieten keine guten Lebensbedingungen für Menschen, Tiere und Pflanzen. Ganz anders ist das in den gemäßigten Klimazonen und in den inneren Tropen. Sie bieten ideale Lebensbedingungen.

Savanne und Prärie

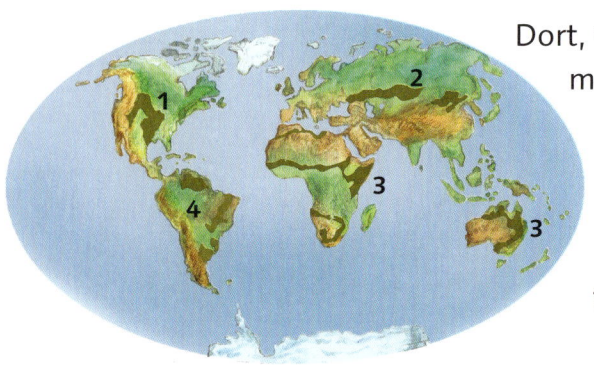

Die Prärien (1), Steppen (2), Savannen (3) und Pampas (4) der Erde

Dort, wo es für Bäume meist zu trocken ist, Gräser und kleine Büsche aber gut gedeihen, entstehen Graslandschaften. Wo liegen sie?

Weit verbreitet

Grasland findet man im trockenen Innern von Kontinenten und an den Rändern von Wüsten. Es ist über die ganze Welt verteilt. Die Graslandbereiche Europas und Asiens nennt man Steppen. In Südamerika heißen sie Pampas und in Nordamerika Prärien. Das Grasland in tropischen Regionen wie Afrika, Indien und Australien bezeichnet man als Savanne.

Idealer Lebensraum

Je nach Kontinent bevölkern unterschiedliche wilde Tierarten das Grasland. Die Prärien Nordamerikas sind die Heimat von Büffeln, Kojoten und Präriehunden. In der australischen Savanne leben Kängurus, Koalabären und Emus. Und die afrikanische Savanne ist Heimat vieler faszinierender Tiere – von Termiten und Antilopen über Elefanten und Giraffen bis zu Löwen. Forscher gehen davon aus, dass hier auch vor etwa 90 000 Jahren die Wiege der Menschheit lag.

Abenteuer pur im Serengeti-Nationalpark!

Schauen Sie sich die faszinierendsten Tiere der Welt nicht nur in Büchern und im Fernsehen an! Gehen Sie ganz nah ran: Beobachten Sie Kaffernbüffel und Giraffen an ihren Wasserlöchern. Hören Sie nachts das Brüllen der Löwen. Buchen Sie jetzt – und Sie werden eine unvergessliche Safaritour erleben!

In der Serengeti-Savanne leben neben Giraffen auch Zebras, Gnus und Gazellen, Elefanten, und Nashörner.

Große Rinderherden grasen in den Pampas Argentiniens.

Kaum zu glauben

Termitenhügel können bis zu sechs Meter hoch sein.

Kornkammer und Viehzucht

Aber auch der Mensch nutzt das Grasland, da die Böden sehr fruchtbar sind. Die Prärien Nordamerikas gelten mit ihren riesigen Weizen- und Maisfeldern als Kornkammer, genauso wie die Graslandschaften in Argentinien und der Ukraine. Steppen sind auch ideal für die Viehzucht etwa von Schafen und Rindern. Da es aber auch zu langen Dürreperioden kommen kann, verdorrt manchmal auch die Ernte, und sogar das Vieh kann verdursten.

Im Grasland, wie hier in den USA, werden auch riesige Felder mit Weizen oder Mais angebaut.

Du entscheidest selbst:
• Wo ist es eisig kalt?
➡ Seite 106/107
• Wie entwickelte sich der Mensch?
➡ Seite 12/13

Lies mal weiter!
Seite 14, 100

Leben im Wald

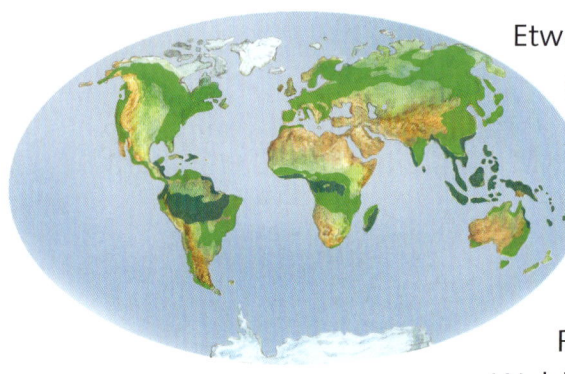

Wo gibt es Regenwälder(dunkelgrün), wo Laub-und Nadelwälder (hellgrün)?

Etwa ein Drittel der gesamten Landfläche der Erde ist mit Wäldern bedeckt. Vor 10 000 Jahren war es noch fast die Hälfte. Durch Rodung wurden die Waldbestände dramatisch verkleinert.

Viele Arten

Es gibt viele Arten von Wäldern: In den Tropen wachsen vor allem die dichten, immergrünen Regenwälder. Dort ist es sehr warm und es regnet fast jeden Tag. Nadelbäume wie Tannen und Kiefern wachsen in den Gegenden mit langen Wintern. Nadelwälder sind die größten Wälder der Welt. Sie erstrecken sich über den gesamten Norden Asiens und Europas und es gibt sie auch in Kanada. Laubwälder mit Buchen und Eichen finden wir in den gemäßigten Klimaregionen wie bei uns in Mitteleuropa.

Wälder sind wichtig

Wälder sind die Heimat vieler Tiere und Pflanzen. Sie liefern uns Holz, aus dem wir Möbel und Papier herstellen. Aus den Regenwäldern stammen Nahrungsmittel wie Kaffee, Kakao, Muskatnüsse und Pfeffer, und viele Regenwaldpflanzen werden auch zur Herstellung von Parfüms oder Arzneimitteln verwendet.

Laubbäume werfen im Winter alle Blätter ab, die meisten Nadelbäume behalten ihre Nadeln.

„Grüne Lunge"

Wälder bezeichnet man auch als die „grüne Lunge" der Erde. Die Wälder sind für den Luftaustausch sehr wichtig. Sie wandeln durch Fotosynthese große Mengen an Kohlendioxid in Sauerstoff um, der wieder in die Atmosphäre gelangt: Luft zum Atmen. Der Waldbestand geht aber immer mehr zurück. Äußerst bedroht sind besonders die Regenwälder. Sie werden großflächig gerodet, zum Beispiel für den Gewinn von Holzmaterial oder um Weideland zu erschließen. Doch je weniger Wälder wir haben, umso mehr gefährden wir auch uns!

In tropischen Regenwäldern gibt es unzählige Tier- und Pflanzenarten.

Teste dein Wissen!
Wie heißt der Wald in den Tropen?

(Regenwald)

Lies mal weiter!
Seite 13, 98, 108

Feuchtgebiete

Wasser prägt Landschaften in ganz unterschiedlicher Weise: Bäche und Flüsse fließen talwärts, in Teichen und Seen spiegelt sich der Himmel und die Tümpel in den Mooren glitzern dunkel und geheimnisvoll.

Sümpfe und Moore

Der Boden von Sumpf- oder Moorlandschaften ist ständig von Wasser durchtränkt. Hier wachsen vorwiegend Gräser, Schilf, Binsen und Rohrkolben. Während im Sumpf abgestorbene Pflanzen völlig zersetzt werden, bleiben im Moor Reste zurück. Dieser Faulschlamm füllt allmählich die Wassermulden, sodass der feucht-schwammige

Sobald das Moor entwässert wurde, kann der Torf „gestochen" werden.

Boden immer höher wächst und langsam zu Torf wird. Die Torfbildung ist der erste Schritt der Umwandlung von Pflanzen zu Kohle.

Eine Moorlandschaft mit typischen Pflanzen und Tieren

Reise zu den Krokodilen

Heute waren wir mit der ganzen Klasse in den Everglades. Es war toll, aber auch ein bisschen unheimlich. Es gibt dort nämlich Krokodile, die sind riesig! Unsere Lehrerin hat den Führer gefragt, ob sie uns gefährlich werden können, aber der hat nur gelacht. Er ist ein Miccosukee-Indianer und lebt mit seinem Stamm schon immer in den Everglades, weil es in diesem Sumpfgebiet von Fischen und Vögeln wimmelt – und natürlich von Krokodilen. Was echt lästig war, das waren die vielen nervigen Stechmücken.

Am besten erkundet man die sumpfigen Everglades auf einem Propellerboot.

Das Donaudelta ist Heimat von mehr als 300 Vogelarten.

Ein wenig gruselig!

In einigen Mooren hat man Moorleichen gefunden. Die meisten dieser archäologischen Funde sind etwa 2500 Jahre alt. Viele von ihnen wurden wohl nach ihrem Tod im Moor bestattet. Da sie dort luftdicht abgeschlossen ruhten, wurden sie konserviert und sind deshalb sehr gut erhalten. Sie geben uns Auskunft zu Aussehen, Kleidung und Haartracht unserer Urahnen.

Flüsse und Deltas

Das Wasser eines Flusses stammt entweder aus Niederschlägen oder aus Quellen. Man unterscheidet der Größe nach kleine Bäche, Flüsse und breite Ströme. Alle Flüsse münden irgendwann in einen anderen Fluss, einen See oder ins Meer. Manchmal bringen schnell fließende Flüsse sehr viel Schlamm mit, der sich im Mündungsbereich ablagert. Der Fluss bahnt sich dann verschiedene Wege durch die Ablagerungen – ein Flussdelta entsteht. Zum Beispiel mündet die Donau, der zweitlängste Fluss Europas, in einem riesigen Delta an der rumänischen Küste in das Schwarze Meer.

In Feuchtgebieten wie in Florida leben gefährliche Krokodile.

Lies mal weiter!
Seite 37

Küsten und Inseln

An den Küsten liegen viele bedeutende Städte mit großen Häfen, von wo aus Handel mit der ganzen Welt getrieben wird.

Flach, steil oder gebuchtet

Die schmale Grenze zwischen Festland und Meer nennt man Küste. Brandung, Gezeiten, Flussmündungen, das Steigen oder Sinken des Meeresspiegels, starke Winde sowie Sturmfluten verändern die Küsten ständig. Deshalb gibt es ganz unterschiedliche Küstenformen – zum Beispiel Flach- und Steilküsten, glatte und gerade verlaufende Küsten oder Küsten mit vielen Buchten.

Kliff und Watt

Kliffe wie auf Helgoland entstehen durch die Meeresbrandung an Steilküsten. Die Wellen unterspülen mit der Zeit das Steilufer. Es entstehen Hohlkehlen, und das darüberhängende Gestein bricht ab. Eine Kliffküste rückt somit immer weiter landeinwärts.

Watt ist der Boden aus Sand und Schlick, der bei Meeren mit Gezeiten während der Ebbe im Trockenen liegt. An der deutschen Nordseeküste ist das Wattenmeer zum Naturpark erklärt worden. Zahlreiche Vögel und Seehunde haben dort einen geschützten Lebensraum.

Korallenriffe entstehen, wenn sich Korallentierchen festsetzen und in die Höhe wachsen.

Deiche, Ufermauern und Wellenbrecher schützen die Küste vor Sturmfluten.

Wie Inseln entstehen

Inseln können sich durch das Ansteigen des Meeresspiegels bilden, wodurch küstennahe Gebirge überflutet werden. Einige Berggipfel ragen nun noch als Inseln über die Wasserfläche, etwa vor der Küste Norwegens. Aber auch wenn der Meeresspiegel sinkt, entstehen Inseln: Gebiete, die zuvor vom Meer bedeckt waren, ragen dann aus dem Wasser, so wie einige der Britischen Inseln. Und Vulkane im Meer, die langsam wachsen, bis sie über den Meeresspiegel ragen, bilden Vulkaninseln – wie La Palma.

Du entscheidest selbst:
• Was entdeckte Darwin auf den Galapagos-Inseln?
➡ Seite 12/13
• Was sind Sedimentgesteine?
➡ Seite 38/39

Die zehn größten Inseln der Welt:
Grönland
(2,18 Millionen km^2)
Neuguinea
(828 800 km^2)
Borneo
(743 384 km^2)
Madagaskar
(587 042 km^2)
Baffin-Insel
(507 451 km^2)
Sumatra
(425 150 km^2)
Honshu
(230 988 km^2)
Großbritannien
(229 898 km^2)
Victoria Island
(217 290 km^2)
Ellesmere-Insel
(196 236 km^2)

Halligen sind kleine, bei Sturmflut unter Wasser stehende Inseln im nordfriesischen Wattenmeer.

Lies mal weiter!
Seite 26, 38, 97

Polargebiete

Die Arktis liegt im Norden, die Antarktis im Süden.

Am Nord- und Südpol ist es immer kalt. In der nördlichen Arktis können die Temperaturen bis zu minus 40 Grad Celsius sinken, in der südlichen Antarktis sogar bis zu minus 60 Grad Celsius.

Die Antarktis ist von einem bis zu 4000 Meter dicken Eispanzer bedeckt. Rund 9,5 Prozent der Festlandoberfläche der Erde liegen unter einer Eisschicht, davon entfallen allein 86 Prozent auf die Antarktis.

Mächtige Gletscher

Wo es kalt ist, schmilzt der Schnee nicht und frisch gefallener Schnee legt sich Schicht für Schicht darüber. Dadurch wird der Druck so groß,

Eisbären leben in der Arktis.

dass die unteren Schichten zu Eis gepresst werden. Bei ständig steigendem Druck gleitet die unterste Schicht allmählich den Hang hinunter. Solch einen Strom aus Eis nennt man Gletscher.

Eisberge

Wenn ein Gletscher das Meer erreicht, brechen Teile ab und schwimmen als Eisberge davon. Man sagt dazu: Der Gletscher kalbt. Die Eisberge sind oft gewaltig groß und ragen 90 bis 150 Meter aus dem Meer. Der größere Teil des Eisberges befindet sich aber unter Wasser. In der Arktis entstehen so spitze und unregelmäßig geformte Eisberge. Am Südpol sehen sie aus wie riesige Tafeln: die Tafeleisberge.

Teste dein Wissen!
Wie nennt man das Abbrechen von Teilen eines Gletschers?

(Kalben)

Lies mal weiter!
Seite 30, 36, 42

Extrem: die Wüsten

Fast ein Achtel des Festlandes sind Wüsten und wüstenähnliche Regionen (gelb).

In Wüsten ist es grundsätzlich sehr trocken. Es regnet weniger als 250 Millimeter im Jahr. Zum Vergleich: In München gehen über 1000 Millimeter Regen pro Jahr nieder. In manchen Wüsten regnet es viele Jahre überhaupt nicht.

Viele Gesichter

Nicht alle Wüsten sind sandig und haben große Dünen, die entstehen, wenn der Wind den Sand an Steine und Büsche weht. Es gibt auch Felswüsten und Geröllwüsten mit steinigem Boden. Meist ist es in Wüsten sehr heiß. Tagsüber steigt die Temperatur auf bis zu 55 Grad Celsius. Weil der ausgetrocknete Boden die Wärme aber schlechter speichert als Wasser, kühlt es nachts teilweise empfindlich ab, sogar bis unter den Gefrierpunkt.

Wüsten auf dem Vormarsch

Die Sahara ist die größte Wüste der Welt und bedeckt einen Großteil Nordafrikas. Weltweit sind bereits knapp 12 Prozent der Landfläche Wüsten – und durch die Klimaveränderungen sowie Brandrodung und Überweidung an den Rän-dern werden es immer mehr!

Der Stich eines Skorpions kann für ein Kind tödlich sein.

Die Sahara ist eine Sandwüste.

Düne

Karawane

Kamele

In Oasen wachsen Pflanzen wie Dattelpalmen und Orangenbäume.

Überlebenskünstler

Nur wenige Tiere und Pflanzen können in den trockenen Wüsten überleben. Kakteen speichern zum Beispiel das Wasser. Und Tiere wie der Wüstenfuchs schlafen tagsüber, wenn es heiß ist, und suchen erst in der kühlen Nacht nach Nahrung.

Teste dein Wissen!

Welches ist die größte Wüste der Welt?

(Sahara)

Leben in der Wüste

Viele Wüstenbewohner sind Nomaden. Sie wandern auf der Suche nach Nahrung und Wasser von Ort zu Ort. Feste Siedlungen findet man nur in Oasen, wo es Wasser aus Quellen oder Flüssen gibt. Diese fruchtbaren „Inseln" sind wichtig für Karawanen: Kaufleute, die mit Kamelen durch die Wüste ziehen.

Kaum zu glauben

Kamele können schnell sehr viel Wasser auf Vorrat „tanken":
In zehn Minuten bis zu 100 Liter!

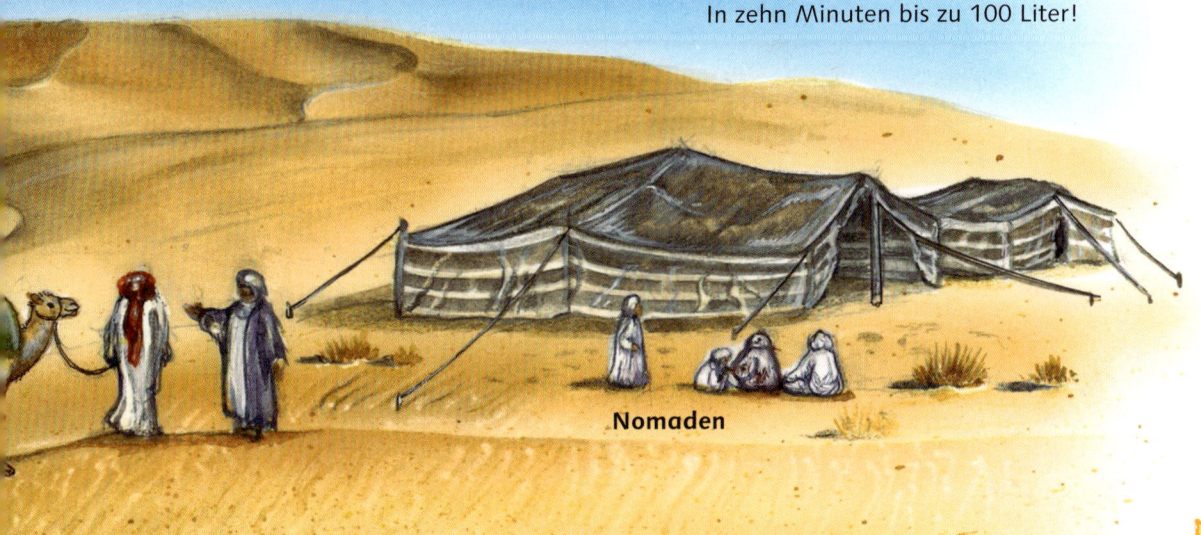

Nomaden

Lies mal weiter!
Seite 38, 97, 98

Der Blick zum Himmel

Schon immer hat das Weltall die Menschen interessiert und begeistert: Sonne und Mond, Sterne und Kometen – viele Erscheinungen können wir am nächtlichen Himmel beobachten und für uns nutzen, zum Beispiel bei der Kalenderrechnung.

Wenn wir sehr viel genauer hinschauen, mit einem Fernrohr oder gar mit einem Weltraumteleskop, bekommen wir spannende Einblicke in die gigantischen Weiten unseres Universums. Im Laufe der Jahrhunderte haben die Menschen immer besser verstanden, welche Kräfte unser Weltall zusammenhalten.

Die Himmelskugel

Beim Blick in den nächtlichen Himmel glaubt man, in eine riesige Kuppel hineinzuschauen, die sich über uns alle wölbt und deren Innenseite mit funkelnden Sternen übersät ist.

Sich orientieren

Astronomen sind Wissenschaftler, die sich mit Universum, Sternen und Planeten beschäftigen. Sie benutzen eine solche Himmelskugel, um die Lage eines Sterns genau angeben zu können. Dazu haben sie von den Landkarten das System der Breiten- und Längengrade, den Äquator und die Pole übernommen und auf die Himmelskugel übertragen.

Dreht sich der Himmel?

Wenn man Sterne und Planeten auf der Himmelskugel beobachtet, gehen sie ungefähr im Osten auf und im Westen unter – genau wie Sonne und Mond. Natürlich wandern die Sterne ebenso wenig um die Erde wie die Sonne. Weil die Erde sich um ihre Achse dreht, entsteht der Eindruck, als zögen die Sterne langsam um uns herum.

Klapp- oder Liegestuhl und warme Decke: Sterngucker brauchen etwas Bequemes und etwas Warmes.

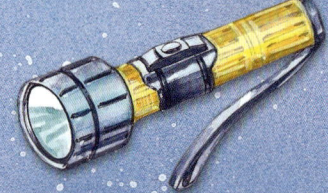

Taschenlampe: ... um auch nachts in diesem Buch nachlesen zu können.

Fernglas oder Fernrohr: ... um mehr zu sehen.

Kompass, Armbanduhr, Stift und Notizblock: ... um Beobachtungen genau festzuhalten.

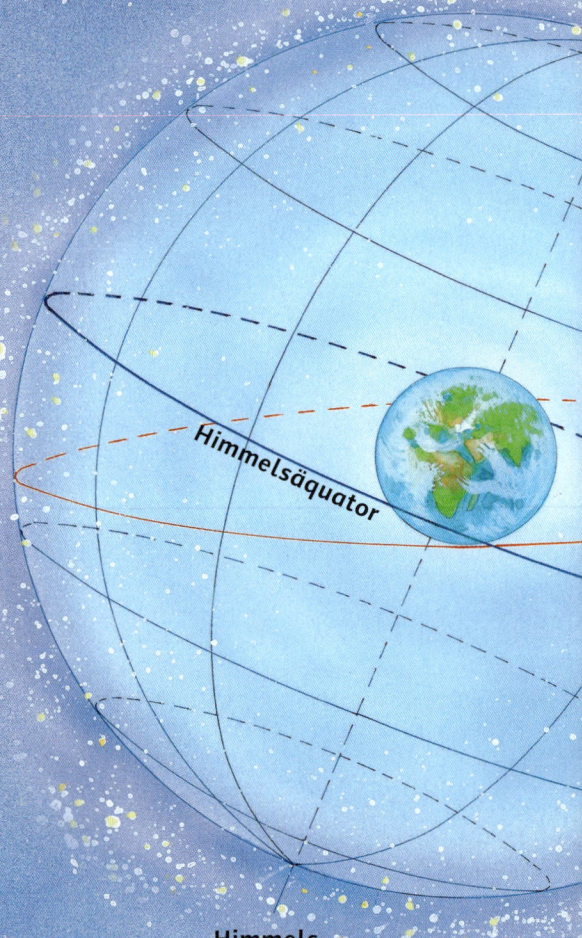

Himmelsäquator

Himmels-südpol

Sterne beobachten

Am besten beobachtet man den Himmel in einer sternklaren Nacht: Der Mond sollte nicht allzu hell scheinen und Wolken nicht die Sicht behindern. Der beste Standort ist eine Wiese auf dem Land, wo es dunkel ist, keine Häuser und Bäume im Weg sind und weder Straßenlaternen noch Leuchtreklame stören. Man muss bis mindestens eine Stunde nach Sonnenuntergang warten, bis das Licht der Sonne ganz verschwunden ist. Mit diesem Buch und einem Fernglas ausgerüstet, findet man schnell zum Beispiel den Polarstern.

Himmelsnordpol

Bahn der Sonne

Hallo Tim !

Jetzt weiß ich endlich, wie man den Polarstern am Himmel findet, mein Onkel hat es mir erklärt: Du suchst das Sternbild Großer Wagen (sieben helle Sterne). Da ziehst du in Gedanken eine Linie vom rechten Hinterrad des Wagens zu seiner rechten oberen Ecke. Wenn du die Linie 5-mal verlängerst, dann hast du den Polarstern ! Viel Glück!

Laura

So einfach findet man den Polarstern!

Insgesamt können wir mit bloßem Auge rund 3000 Sterne sehen. Aber das geht natürlich nur bei sternklarer Nacht und ohne störende Einflüsse, zum Beispiel von den Lichtern einer Stadt.

Nikolaus Kopernikus (1473–1543)
► polnischer Astronom
► erforschte, wie die Planeten die Sonne umkreisen (heliozentrisches Weltbild).
► erkannte, dass gleichzeitig die Erde sich um sich selbst und der Mond sich um die Erde dreht.

Lies mal weiter! Seite 120, 134, 150

Fernglas und Fernrohr

Mit einem Fernglas oder einem Fernrohr kann man Mond und Sterne näher zu sich heranholen: So lassen sich viele Einzelheiten entdecken.

Der Himmelsausschnitt

Beim Fernglas ist der Himmelsausschnitt groß, das ist besonders geeignet für die Beobachtung größerer Objekte: ein Komet oder ein Kirchturm. Man benutzt es deshalb auch, um Tiere in der Natur zu beobachten. Ein Fernrohr oder Teleskop kann auch kleine Einzelheiten näher heranholen: Dann sieht man aber nur einen Teil oder Ausschnitt, zum Beispiel nur die Kirchturmuhr. Da uns ein Kirchturm aber oft so groß wie der Mond erscheint, ist ein Fernrohr ideal für dessen Beobachtung geeignet.

Das Optik-Einmaleins

Auf jedem Fernglas stehen zwei Zahlen: Vergrößerung und Objektivdurchmesser. So bedeutet 10 x 50 eine 10-fache Vergrößerung bei einem Objektivdurchmesser von 50 mm.
Aber für die Himmelsbeobachtung ist die höchste Vergrößerung nicht immer die beste. Denn je stärker die Vergrößerung, desto kleiner der gezeigte Himmelsausschnitt und desto geringer die Lichtstärke. Ein 10 x 50-Fernglas ist gut für die Beobachtung von schwach leuchtenden Kometen. Um aber zum Beispiel die Oberfläche des Mondes zu betrachten, ist ein Fernglas mit höherer Vergrößerung besser. Oder ein Fernrohr.

Galileo Galilei (1564–1642)
► italienischer Physiker, Mathematiker und Astronom
► entdeckte mit dem Teleskop bei zwanzigfacher Vergrößerung Mondgebirge und die vier größten Jupitermonde.
► erkannte, dass die Milchstraße aus Sternen besteht.

Mit Fernglas oder Fernrohr kann man viele Einzelheiten am Himmel genau erkunden.

Das Spiegelfernrohr

Heute verwendet man Spiegelteleskope in der Astronomie, also bei der wissenschaftlichen Sternbeobachtung. Das Bild wird über das Spiegelobjektiv „eingefangen" und dann über einen schräg stehenden Spiegel in das Okular geleitet: Man schaut also beim Teleskop durch das Okular an der Seite und nicht wie beim Fernrohr durch das untere Ende. Allerdings muss man sich erst einmal an den kleinen Himmelsausschnitt gewöhnen und muss üben, mit dem Spiegelteleskop etwas so Kleines wie zum Beispiel eine Kirchturmspitze am Himmel zu finden.

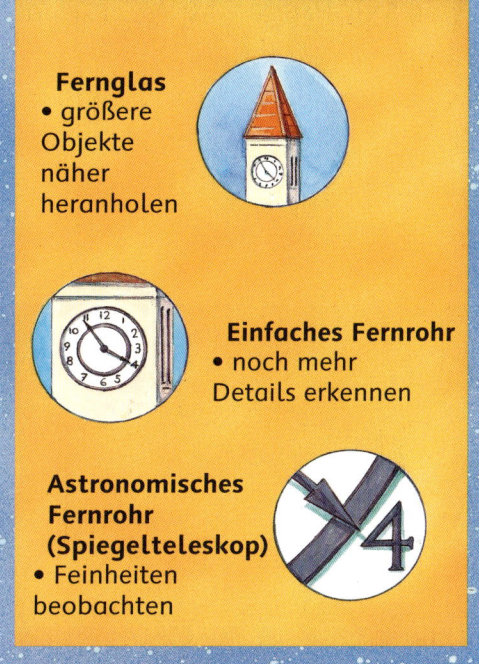

Fernglas
• größere Objekte näher heranholen

Einfaches Fernrohr
• noch mehr Details erkennen

Astronomisches Fernrohr (Spiegelteleskop)
• Feinheiten beobachten

Du entscheidest selbst:
• Was kann man auf der Sonne beobachten?
➡ Seite 136/137
• Was ist eine Mondfinsternis?
➡ Seite 152/153

Mit einem Fernrohr kann man zum Beispiel Kometen oder den Mond beobachten.

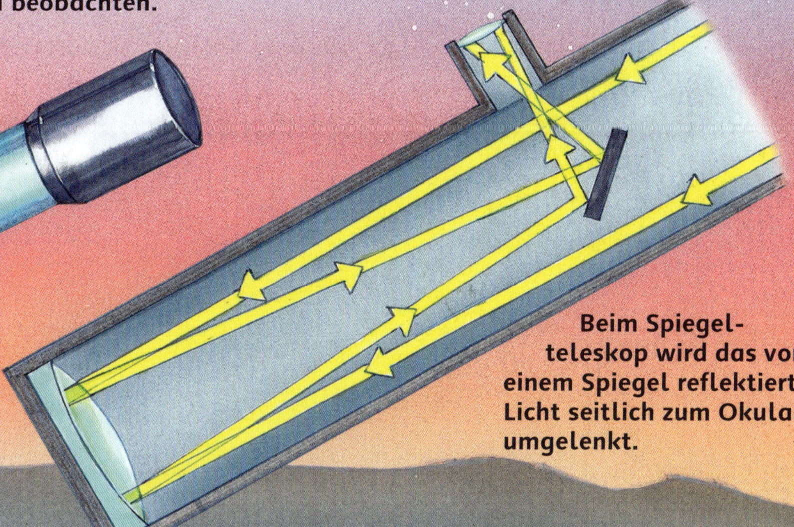

Beim Spiegelteleskop wird das von einem Spiegel reflektierte Licht seitlich zum Okular umgelenkt.

Lies mal weiter!
Seite 112, 116, 172

Die Profi-Sternbeobachter

Eine Sternwarte (Observatorium) sollte auf einem Berggipfel stehen, weil dort der Einfluss der Atmosphäre zwischen den Instrumenten am Boden und den Sternen und Planeten am Himmel weniger stört.

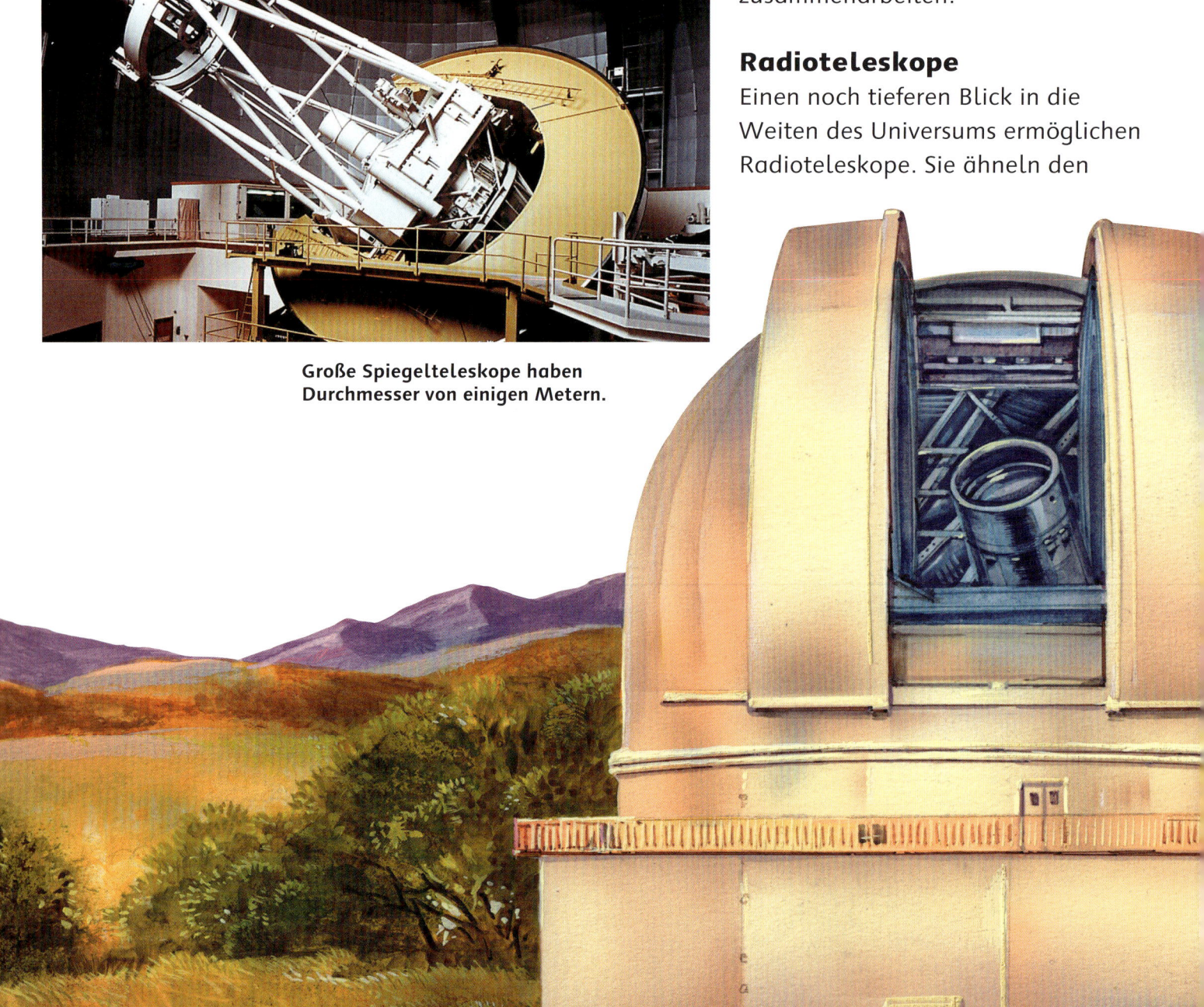

Große Spiegelteleskope haben Durchmesser von einigen Metern.

Spiegel zusammenschalten

Die großen Teleskope sammeln das Licht mit einem gekrümmten Spiegel. Diese Spiegel sind oft sehr groß und können viel Licht einfangen. Das größte Spiegelteleskop der Welt steht hoch oben in den Anden (Chile). Es besteht aus einigen großen Spiegeln, die über einen Computer zusammenarbeiten.

Radioteleskope

Einen noch tieferen Blick in die Weiten des Universums ermöglichen Radioteleskope. Sie ähneln den

Satellitenschüsseln, mit denen wir Fernsehprogramme empfangen. In einer riesigen Satellitenschüssel werden Radiowellen aus dem All gebündelt und an einen Computer weitergeleitet, der dann Bilder erstellt. Auch Pulsare, das sind pulsierende Radiowellen, können damit erforscht werden.

Weltraumteleskope

Eine andere Möglichkeit, mehr vom All zu erforschen, bieten Teleskope, die im All stationiert sind. So liefert das berühmte Hubble-Weltraumteleskop seit 1994 erstklassige Bilder aus dem Universum. Allerdings sind Weltraumteleskope bedroht von herumfliegendem Weltraumschrott aus früheren Raumfahrtprogrammen: Hubble wurde schon von über 200 solchen Schrottteilen getroffen!

Radioteleskope ähneln TV-Satellitenschüsseln und empfangen Radiowellen aus dem Weltall.

Teste dein Wissen!

Wie nennt man eine Sternwarte noch?

(Observatorium)

Edwin Hubble (1889–1953)
► amerikanischer Astronom
► beobachtete mit 2,5-Meter-Spiegelteleskop erstes Objekt außerhalb der Milchstraße.
► bewies Vorhandensein großer Galaxien außerhalb der Milchstraße.

Optiker im Weltall

11. Dezember 1993 – Eine gefährliche Reparatur des Hubble-Teleskops ist Astronauten jetzt im Weltall gelungen. Das Weltraumteleskop hatte von Beginn an optische Fehler. Es „sah" alles verschwommen. So machten sich Astronauten mit einem Spaceshuttle auf den Weg zu Hubble und setzten ihm während fünf Ausflügen im All, die über 35 Stunden dauerten, eine „Brille" auf. Seitdem sendet Hubble spektakulär scharfe Bilder zur Erde.

Sternwarten erbaut man auf Bergen, denn dort gibt es keine Störungen durch Straßenlicht und Abgase.

Lies mal weiter!
Seite 128, 138, 166

Unvorstellbar, aber wahr!

Im Weltall verlieren unsere alltäglichen Maße wie Meter, Stunde oder Kilogramm ihre Bedeutung. Hier ist alles extrem!

Gigantische Entfernungen

So befindet sich der nächste Stern 4,2 Lichtjahre von der Sonne entfernt. Mit bloßem Auge können wir die Große Magellan'sche Wolke sehen, die 150 000 Lichtjahre entfernt ist. Hört sich nicht beeindruckend an? Ist es aber, denn ein Lichtjahr steht für die Entfernung, die das Licht in einem Jahr zurücklegt, und zwar mit einer Geschwindigkeit von 300 000 Kilometer pro Sekunde!

Gigantische Kräfte

Genauso eindrucksvoll sind die Kräfte, die im Universum wirken, vor allem die Gravitation: Sterne und Planeten ziehen sich aufgrund ihrer Masse gegenseitig an. Diese Gravitation nennt man auch Schwerkraft. Je schwerer die Himmelskörper sind, desto größer ist ihre Anziehungskraft. Deshalb zieht die Sonne die Planeten an und zwingt sie auf feste Umlaufbahnen.

Wichtige Längeneinheiten

• Astronomische Einheit (mittlerer Abstand zwischen Erde und Sonne): 149,6 Millionen km
• Lichtjahr (Lj: Strecke, die Licht innerhalb eines Jahres zurücklegt): 9,4605 Billionen km
• Parsec: 3,26 Lichtjahre

Ebbe und Flut

Der englische Physiker Newton soll die Schwerkraft entdeckt haben, als ihm – infolge der Schwerkraft! – ein Apfel vom Baum direkt auf den Kopf fiel. Eine viel eindrucksvollere Auswirkung der Schwerkraft kann man an den Meeresküsten beobachten: Ebbe und Flut werden von der Anziehungskraft des Mondes beeinflusst.

Die Anziehungskraft des Mondes ist auf der Erde spürbar: durch Ebbe und Flut.

Mehr als 150 Millionen Kilometer liegen zwischen Erde und Sonne.

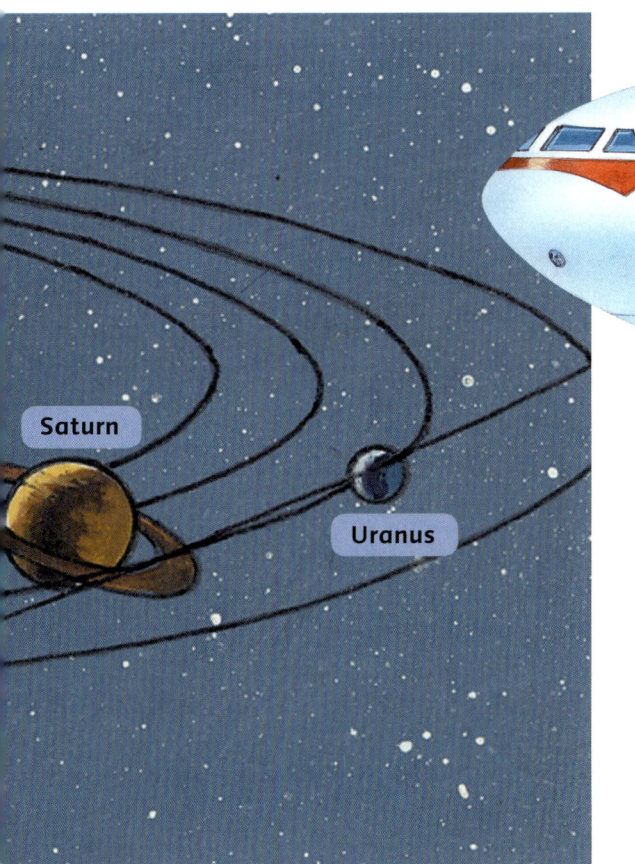

Saturn

Uranus

Kaum zu glauben

Der Flug zum nächstgelegenen Stern Proxima Centauri würde mit einem Jumbojet fünf Millionen Jahre dauern.

Sir Isaac Newton (1643–1727)
► englischer Mathematiker und Physiker
► Begründer der klassischen Physik und der exakten Naturwissenschaften
► hat Gravitation erkannt und beschrieben.

Lies mal weiter!
Seite 116, 150, 172

Ort und Zeit bestimmen

Schon seit frühester Zeit nutzen Menschen Sonne und Mond, um sich im Ablauf der Zeit zu orientieren. Die Steinkreise in Stonehenge (England) könnten vor rund 3500 Jahren unter anderem dazu benutzt worden sein, Sommer- und Winteranfang vorauszusagen.

Taktgeber Sonne und Mond

Unsere Kalender richten sich nach den immer gleichen Bewegungen von Erde, Sonne und Mond: Ein Tag entspricht der Zeit einer Erdumdrehung, ein Jahr der Zeit, in der die Erde einmal um die Sonne kreist, und ein Monat der Zeit von Vollmond zu Vollmond.

Während eines Jahres wechseln auf der Nord- und Südhalbkugel die vier Jahreszeiten.

Die Jahreszeiten

Während eines Jahres bekommen nicht alle Teile der Erde gleich viel Licht und Wärme. Da die Erdachse leicht geneigt ist, steht eine Hälfte der Erde manchmal näher an der Sonne als die andere. So kommt es zu den vier Jahreszeiten: Wir haben Sommer, wenn die Nordhalbkugel näher an der Sonne steht. Auf der Südhalbkugel ist dann Winter. Wenn bei uns Winter ist, steht die Südhalbkugel näher an der Sonne. Dort herrscht dann Sommer. Im Frühling und im Herbst haben beide Halbkugeln ungefähr den gleichen Abstand zur Sonne.

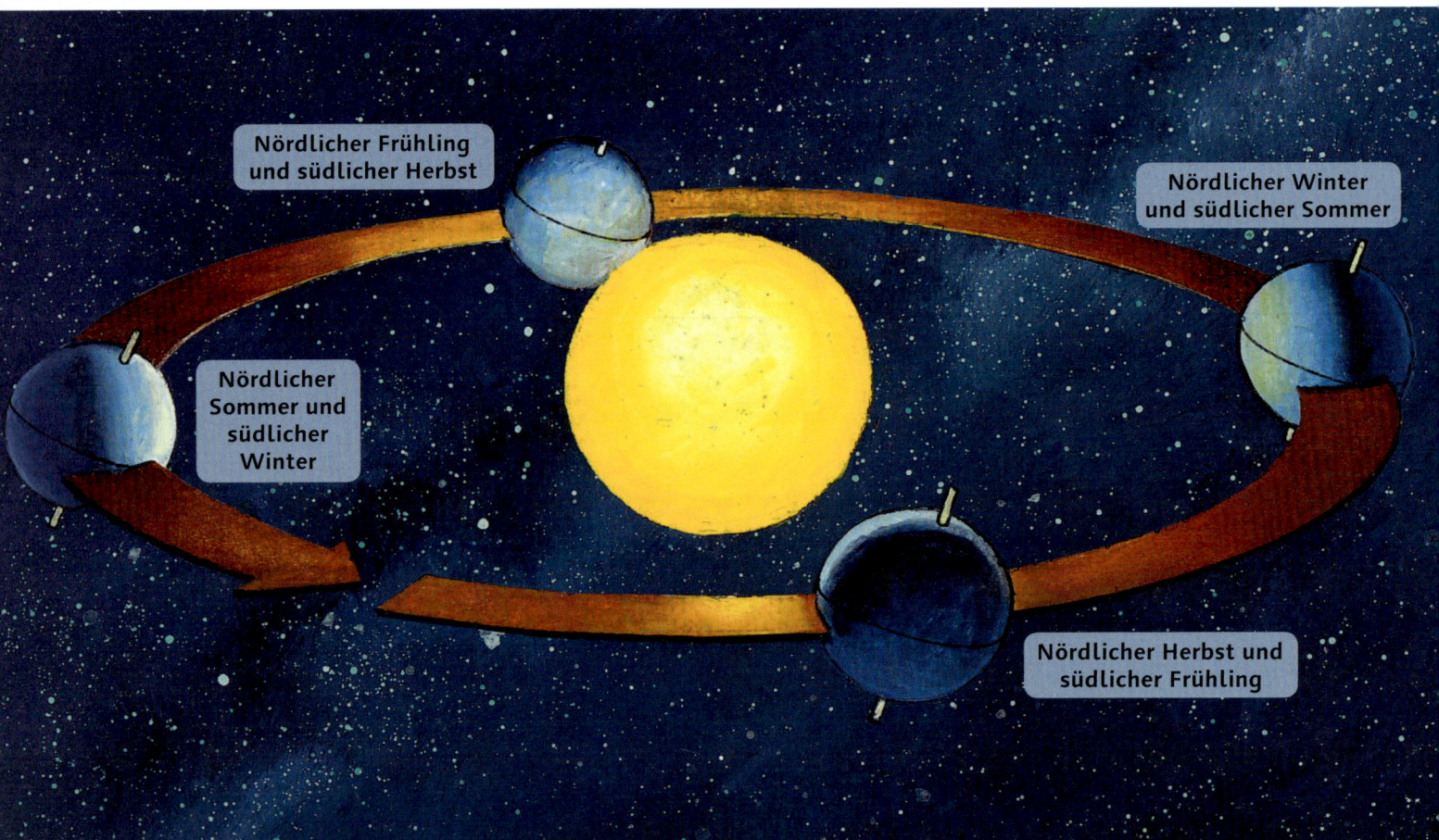

Nördlicher Frühling und südlicher Herbst

Nördlicher Winter und südlicher Sommer

Nördlicher Sommer und südlicher Winter

Nördlicher Herbst und südlicher Frühling

Mit Sternen navigieren

Man kann mithilfe der Sonne den Standort eines Schiffs auf See ganz genau ermitteln. Dazu setzt man als Messinstrument einen Sextanten ein, der den Winkel zwischen Horizont und Sonne misst, wobei der Zeitpunkt der Messung auf die Sekunde genau festgehalten werden muss. Denn die Position der Sonne am Himmel wurde für die „Nautischen Jahrbücher" sekundengenau vorausberechnet.

Du entscheidest selbst:
- Was versteht man unter der Himmelskugel?
  ➡ Seite 112/113
- Welche Phasen hat der Mond?
  ➡ Seite 152/153

Mit dem Sextanten kann man anhand von Sonne und Sternen auf See Positionen bestimmen.

Schon die Römer teilten das Jahr in zwölf Monate.

	Die genaue astronomische Zahl	So wird sie zur besseren Handhabung gerundet
Tag	23 Stunden, 56 Minuten und 4,091 Sekunden	24 Stunden
Monat	29 Tage, 12 Stunden, 44 Minuten und 3 Sekunden	28 (29), 30 oder 31 Tage
Jahr	365 Tage, 5 Stunden, 48 Minuten und 46 Sekunden	365 Tage

Durch die gerundeten Werte für Tage und Jahre entstehen Ungenauigkeiten, die durch den Schalttag (29. Februar) wieder ausgeglichen werden.

Lies mal weiter!
Seite 136, 138, 154

Unendliche Weiten

Forscher gehen heute davon aus, dass unser Weltall vor über 15 Milliarden Jahren entstanden ist – mit dem unvorstellbaren Urknall. Seitdem dehnt sich das Universum immer weiter in unermessliche Größenordnungen aus. Es entstanden Milliarden von Galaxien wie unsere Milchstraße, die wiederum jeweils Milliarden von Sternen wie unsere Sonne enthalten können. Und alles bleibt in Bewegung: So jagen Kometen und Meteore durchs All. Eine alte, nie beantwortete Frage ist: Gibt es außer uns noch anderes Leben im Universum?

Wie alles anfing

Dass es eine Geburt unseres Universums gab, glauben heute fast alle Wissenschaftler. Das können sie aus einer Theorie ableiten, mit der viele Erscheinungen unseres Weltalls sehr gut erklärt werden können.

Kaum zu glauben
In der sogenannten Planck-Ära bis 0,000000000000000000000000000000001 Sekunden nach dem Urknall ist noch alles unvorstellbar klein und heiß.

Der Urknall
Es ist die Urknalltheorie. Danach gab es vor 15 Milliarden Jahren eine unvorstellbar mächtige Explosion. Zuvor passte das Weltall mit seiner ganzen Masse in ein winzig kleines Körnchen. Durch den Urknall dehnte sich die Masse innerhalb von Bruchteilen von Sekunden bis auf kosmische Dimensionen aus.

Aus Staub wurden Sterne
Danach trieb eine riesige Wolke aus Gas und Staubteilchen durch das All. Neue gigantische Explosionen brachten die Teilchen der Wolke in Bewegung. Sie zogen sich zusammen. Dabei erwärmte sich die Wolke und in ihrer Mitte verschmolzen die Staubteilchen. Es entstanden Klumpen aus fester Materie und schließlich die ersten Sterne. Zu ihnen gehörte auch unsere Sonne. Das Universum wächst weiter und kühlt dabei ab.

Das Universum aus extrem heißem, gasförmigem Plasma dehnt sich in Sekundenbruchteilen auf gewaltige Dimensionen aus.

Nach etwa 380 000 Jahren entstehen die ersten Atomkerne, die Bausteine aller Materie.

Eine Wolke aus Gas und Staub schwebt durch das immer weiter wachsende Universum.

Nachglimmen des Urknalls

Aus der Urknalltheorie konnten die Forscher auch ableiten, dass es eine kosmische Strahlung geben muss, die Reste des extrem heißen Zustands beim Urknall weitertransportiert. Sie würde also nie ganz erkalten, sondern ewig ein klein wenig nachglimmen. Inzwischen wurde diese Hintergrundstrahlung nachgewiesen.

Heute habe ich die Software SETI@home auf meinem PC installiert. Jetzt kann ich Daten von einem Radioteleskop herunterladen und meinen Rechner darin nach Signalen von Außerirdischen suchen lassen. Unser Lehrer hat uns die Idee dahinter erklärt: Jedes intelligente Lebewesen benutzt irgendwann einmal Radiowellen. Und die können wir mit Radioteleskopen empfangen. Einige Forscher meinen, dass es allein in der Milchstraße 10 000 menschenähnliche Lebensformen geben könnte.

Teste dein Wissen!

Was wächst seit dem Urknall immer weiter?

(Universum)

200 bis 500 Millionen Jahre nach dem Urknall formen sich die ersten Galaxien.

In einigen Regionen des Alls werden aus Gaswolken und Staubteilchen nach etwa 100 Millionen Jahren glühende Kugeln.

Die ersten Sterne leuchten auf.

Nachricht vom Urknall: Zur Erforschung der Hintergrundstrahlung dient der Satellit COBE.

Lies mal weiter!
Seite 116, 144, 156

Galaxien

Spiralgalaxien sind abgeflachte Scheiben mit hellen Sternen und Gaswolken in Form von Spiralarmen.

Eine Galaxie ist eine riesige Ansammlung von einigen Hundert Millionen bis einigen Milliarden Sternen, so wie unsere Milchstraße. Die zu einer Galaxie gehörenden Sterne beeinflussen sich gegenseitig durch ihre Schwerkraft und kreisen um ein gemeinsames Zentrum. Es gibt im Weltall ungeheuer viele Galaxien.

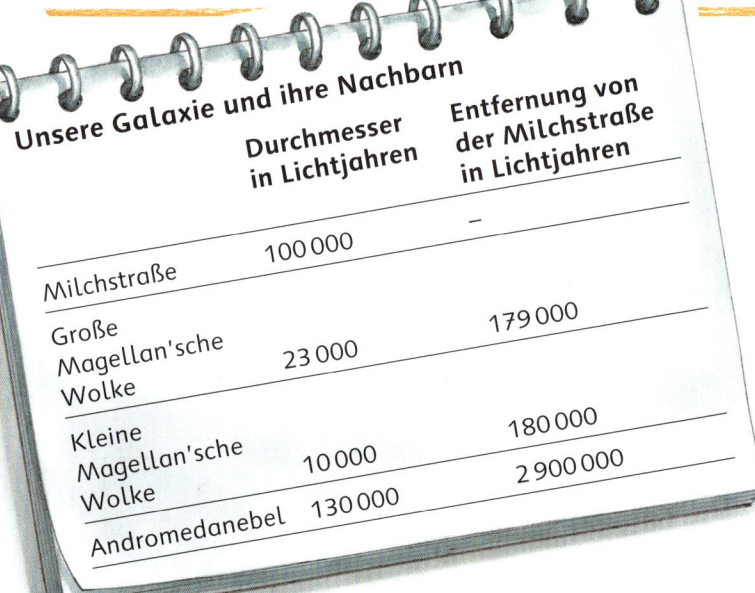

Unsere Galaxie und ihre Nachbarn	Durchmesser in Lichtjahren	Entfernung von der Milchstraße in Lichtjahren
Milchstraße	100 000	–
Große Magellan'sche Wolke	23 000	179 000
Kleine Magellan'sche Wolke	10 000	180 000
Andromedanebel	130 000	2 900 000

Kugeln, Ellipsen, Spiralen ...

Auf den ersten Blick sieht man viele Galaxien nur als einen einzigen verschwommenen Fleck. Bei genauerem Hinsehen erkennt man jedoch unterschiedliche Formen: Einige sind kugelförmig und haben einen hellen Kern. Sie werden elliptische Galaxien genannt.

Andere sind spiralförmig mit abgeflachten Scheiben, die viel Gas, Staub und Molekülwolken enthalten, aus denen Sterne entstehen. Oft liegen helle junge Sterne und Gaswolken in den langen Spiralarmen.

... oder Wagenräder

Wieder andere Galaxien haben keine bestimmte äußere Form. Oder sie sehen sehr auffällig aus, zum Beispiel wie ein Wagenrad.

Offene Haufen haben keine bestimmte Form.

Elliptische Galaxien finden sich im Universum am häufigsten.

Mit bloßem Auge kann man den Andromedanebel sehen: die der Milchstraße am nächsten gelegene Spiralgalaxie.

Die Lokale Gruppe

Unser Sonnensystem ist Teil der Galaxie Milchstraße. Sie gehört mit vielen anderen Galaxien, zum Beispiel dem Andromedanebel, zur Lokalen Gruppe. Der Andromedanebel ist so groß, dass wir ihn am sehr dunklen Nachthimmel mit bloßem Auge erkennen können. Er ist weit über zwei Millionen Lichtjahre von der Erde entfernt.

Heute haben wir im Experiment geklärt, warum der Himmel blau ist. Dazu haben wir Sonnenlicht durch ein Prisma (das ist ein durchsichtiger, dreieckiger Glaskörper) geleitet. Wir sahen, dass das weiße Licht aus den Farben des Regenbogens besteht: Rot, Orange, Gelb, Grün, Blau und Violett. Besonders das blaue und violette Licht wird von unserer Luft stark gestreut, in eine andere Richtung gelenkt. Deshalb überwiegt in der Streustrahlung das blaue Licht und deshalb ist unsere Lufthülle blau.

Du entscheidest selbst:
- Was ist ein Lichtjahr?
➡ Seite 118/119
- Wie entstehen Sterne?
➡ Seite 134/135

Lies mal weiter!
Seite 124, 130, 140

Unsere Milchstraße

In klaren Nächten kann man die Sterne am Himmel kaum zählen. Und doch sehen wir immer nur eine winzige Auswahl aus den über 100 Milliarden Sternen, die unsere Milchstraße bilden.

Ein milchiges Band

Ihren Namen verdankt die Milchstraße ihrem Aussehen: Am nächtlichen Sternenhimmel erscheint sie uns wie ein milchig leuchtendes Band. Wir sehen aber die Milchstraße von der Seite. Von oben betrachtet sieht die Milchstraße nämlich aus wie eine Scheibe mit einem bauchigen Zentrum.

Wir sehen die Milchstraße von der Seite als Band, das über den Himmel zieht.

Eine Spiralgalaxie

Die Milchstraße ist also keine „Bandgalaxie", sondern eine Spiralgalaxie. Ihr Durchmesser beträgt rund 100 000 Lichtjahre. Sie hat mindestens zwei größere Arme, die aus Nebeln und bläulich weißen Sternen bestehen. Ältere, gelbe und rote Sterne befinden sich im Kern der Galaxie.

Unser Planet liegt auf einem der Spiralarme, etwa 30 000 Lichtjahre vom Zentrum entfernt. Vor Kurzem stellten Astronomen fest, dass sich im Zentrum ein massereiches Objekt befinden muss, vielleicht ein Schwarzes Loch.

Unser Platz in der Milchstraße

Unser Platz im All

Um uns im Weltall zu orientieren, ist für uns die Sonne ein wichtiger Bezugspunkt. Sie liegt 150 Millionen Kilometer von der Erde entfernt. Rund 100 000-mal so weit ist es bis an die Grenze der Milchstraße. Innerhalb der Milchstraße ist unser Sonnensystem aber nur ein winziger

Fleck. Die Milchstraße ist Teil der sogenannten Lokalen Gruppe. Zu ihr gehören mehr als 40 Galaxien. Die Lokale Gruppe ist Teil eines „Superhaufens" von mehr als Zehntausenden Sterneninseln. Und dies ist erst unsere nähere Umgebung im All! Unser Sonnensystem – und damit unsere Erde – ist nur ein sehr, sehr winziges Teilchen im Weltall.

Du entscheidest selbst:
- *Wo erbaut man Sternwarten?* ➡ *Seite 116/117*
- *Was sind Schwarze Löcher?* ➡ *Seite 144/145*

Die Milchstraße von oben betrachtet: eine Spiralgalaxie mit bauchigem Zentrum

Die Milchstraße
- *Alter: 12–15 Milliarden Jahre*
- *Anzahl der Sterne: ca. 100 Milliarden Sterne*
- *Durchmesser: 100 000 Lichtjahre*

Lies mal weiter! Seite 112, 126, 150

Kometen und Meteore

Kometen sind Überreste aus der Zeit, als unser Sonnensystem entstand. Sie bestehen aus Eis und gefrorenen Gasen, vermischt mit Gesteinsbrocken, Metall und Staub. Kometen zählen zu den Kleinkörpern im All.

Schmutzige Schneebälle

Im Prinzip sind Kometen riesige, schmutzige Schneebälle. Ihre Umlaufbahnen um die Sonne liegen auch am Rande des Sonnensystems. Bis ein Komet in die Nähe der Sonne gelangt, können Millionen Jahre vergehen.

Ein riesiger Schweif

Dann verdampft die äußere Eisschicht in der Sonnenhitze. Sie wird von seinem Kern weggeschleudert, zusammen mit festen Teilchen. Diese Teilchen bilden den Schweif des Kometen. Er kann mehrere Millionen Kilometer lang sein.

Man kann einen Kometen immer über mehrere Nächte und manchmal sogar über Monate beobachten. Ein wie-

Kaum zu glauben

Forscher vermuten, dass die Dinosaurier nach dem Einschlag eines Riesenmeteoriten auf die Erde ausgestorben sind.

Der Schweif eines Kometen kann viele Millionen Kilometer lang sein.

derkehrender Komet ist der bekannte Halleysche Komet, der alle 76 Jahre am Himmel zu sehen ist.

Meteore ...

Wenn Gesteinsbrocken, wie zum Beispiel die vielen Miniplaneten zwischen Mars und Jupiter, im All zusammenprallen, zerbersten sie. Die Einzelteile verlassen dann ihre Bahn und werden in alle Richtungen geschleudert. Sie haben meist nur einen Durchmesser von höchstens einigen Metern. Wenn diese auf die Erdatmosphäre treffen, verdampfen sie glühend. Wir sehen sie dann
als helle Lichtspuren über den Himmel huschen und nach wenigen Sekunden wieder erlöschen. Diese Sternschnuppen nennen Astrono-men Meteore.
Es gibt wiederkehrende Meteorströme. Man kann sie jedes Jahr zu festen Zeiten am Himmel beobachten. Größere Gesteinsbrocken kann die Atmosphäre aber nicht abhalten.

... und Meteoriten

Diese Brocken verglühen nicht, sondern fallen irgendwo auf die Erdoberfläche. Man nennt sie Meteoriten. Der bisher größte Meteorit wurde in Namibia gefunden und wiegt rund 55 Tonnen.

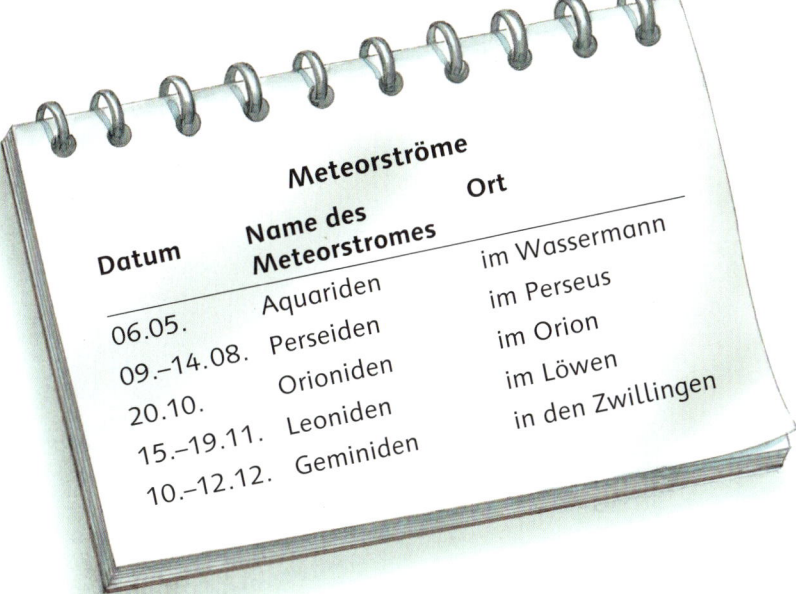

| Meteorströme | | |
Datum	Name des Meteorstromes	Ort
06.05.	Aquariden	im Wassermann
09.–14.08.	Perseiden	im Perseus
20.10.	Orioniden	im Orion
15.–19.11.	Leoniden	im Löwen
10.–12.12.	Geminiden	in den Zwillingen

Meteoriten bestehen aus Eisen oder Stein oder aus einer Mischung von beidem.

Wer eine Sternschnuppe sieht, darf sich etwas wünschen – aber nicht verraten, was!

Lies mal weiter!
Seite 114, 116, 140

Sonne und andere Sterne

Es ist das „Kraftwerk Sonne", das auf unserer Erde das Leben überhaupt erst möglich macht. Doch wie entsteht eigentlich ein Stern? Und wie verglüht er? Auch die Sonne wird irgendwann verglühen, aber bis dahin vergeht noch sehr viel Zeit. Inzwischen kann man anderen Sternen dabei zuschauen, wie sie „sterben" – etwa als Weißer Zwerg oder Roter Riese. Oder man kann faszinierende Sonnenfinsternisse und Protuberanzen beobachten. Oder die Sternbilder betrachten, die schon die alten Griechen entdeckt und benannt haben.

Glitzernde Sterne

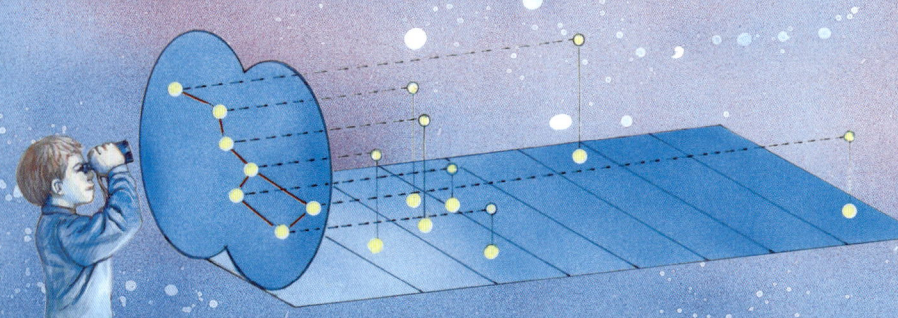

Wirbelnde Gaswolken

Überall in unserer Galaxis treiben riesige Mengen an Staub und Gas. Wo sie sich zusammenballen, entstehen sogenannte Nebel. Wenn in diesen riesigen, wirbelnden Gaswolken das Gas-Staub-Gemisch immer stärker zu Klumpen gepresst wird, ballen sich diese zusammen und werden immer heißer.

Auf den ersten Blick sieht es so aus, als wären alle Sterne gleich weit entfernt. Das stimmt aber nicht, wie der Große Wagen zeigt.

Der Stern, über den wir am meisten wissen, ist unsere Sonne. Sicher sehen sehr viele andere Sterne ähnlich aus. Aber es gibt auch bedeutende Unterschiede, vor allem in Größe und Temperatur der Sterne sowie in ihrer Helligkeit und Farbe. Und in ihrer Entfernung zu uns, wobei wir die nicht ohne Weiteres erkennen können.

Protosterne

Protosterne sind Frühformen der Sterne. Sie leuchten noch nicht mit voller Kraft, eher glimmen sie. Sie sind von einer Gas-Staub-Hülle umgeben. Sobald diese sich schnell dreht, entsteht daraus allmählich eine Scheibe, aus der sich später Planeten bilden können.

Ein Protostern entsteht.

Eine Gaswolke zieht sich zusammen.

Seine Gashülle verdichtet sich zu einer Scheibe.

Die Planeten ballen sich zusammen.

Die Verschmelzung im Kern beginnt: Der Stern ist geboren.

Unglaublich viele Sterne – und trotzdem nachts so dunkel?

Interview mit Prof. Kosmos

Wie viele Sterne enthält das Universum?

Prof. Kosmos: Das wissen wir nicht so genau, da wir mit modernen Teleskopen immer wieder neue Sterne entdecken und außerdem neue Sterne geboren werden. Die Zahl ist aber so hoch, dass wir sie uns kaum vorstellen können.

Aber wenn es so viele Sterne gibt, müsste es dann nicht immer hell sein, auch nachts?

Prof. Kosmos: Gute Frage. Die meisten Sterne sind einfach viel zu weit entfernt, sodass wir sie nur als kleine leuchtende Punkte am Himmel wahrnehmen können.

Ein Stern fängt an zu Leuchten

Wenn sich die Teilchen noch weiter zusammenziehen, entstehen hoher Druck und enorme Hitze. Dadurch verschmelzen die Wasserstoffteilchen im Innern zu Helium. Ein leuchtender Stern ist entstanden.

Sterne und ihre Namen

Arabische Astronomen gaben vor ungefähr tausend Jahren vielen Sternen Namen, zum Beispiel Beteigeuze (Schulter), Aldebaran (der Folgende) oder Rigel (Fuß). Aber nur die auffälligen Sterne bekamen Namen.

Kaum zu glauben

Unsere Sonne wäre in 30 Lichtjahren Entfernung kaum mehr sichtbar. Sie ist im Vergleich zu extrem hellen Sternen wie Rigel oder Beteigeuze also eher eine kleine Funzel.

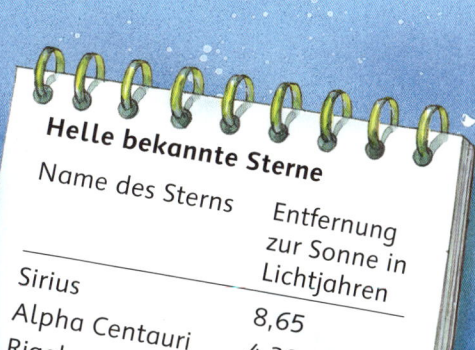

Helle bekannte Sterne

Name des Sterns	Entfernung zur Sonne in Lichtjahren
Sirius	8,65
Alpha Centauri	4,38
Rigel	900
Beteigeuze	310
Aldebaran	69

Teste dein Wissen!

Aus welchen verschmelzenden Teilchen entsteht Helium?

(Wasserstoffteilchen)

Lies mal weiter!
Seite 112, 140, 144

Kraftwerk Sonne

Unsere Sonne ist eine extrem heiße, hell leuchtende Gaskugel – wie viele andere Sterne auch.

Heißer als ein Ofen

All das Sonnenlicht, das wir empfangen, wird von der äußeren Hülle, der Fotosphäre, abgestrahlt. Hier herrschen rund 5500 Grad Celsius. Das ist fast 3-mal so heiß wie in einem Hochofen, in dem Eisen geschmolzen wird. Eine Pizza bräuchte hier zum Backen wohl nur den Bruchteil einer Sekunde.

Kern der Extreme

Weiter innen in der Sonne wird es immer heißer. Im Kern brodeln bis zu 15 Millionen Grad Celsius! Hier ist der „Motor" der Sonne: Durch die extreme Hitze wird der Wasserstoff, aus dem die Sonne zum Großteil besteht, in Helium umgewandelt. Dabei wird viel Energie freigesetzt, die dann nach außen dringt und über die Fotosphäre abgestrahlt wird. Wasserstoff ist übrigens ein Bestandteil des Wassers und Helium nutzt man für Ballone.

Protuberanz

Fotosphäre

Sonne
- Durchmesser: 1 392 000 km (etwa 109-mal größer als die Erde)
- Entfernung zur Erde: 150 Millionen km (= 1 AE)
- Alter: 4,6 Milliarden Jahre

Flecken und Protuberanzen

An der Oberfläche der Sonne ist es nicht überall gleich heiß: Manche Stellen haben eine Temperatur von „nur" rund 4000 Grad Celsius. Diese Stellen kann man als dunkle Flecken auf der Sonne sehen: die Sonnenflecken. Sie verändern sich ständig. Eine Protuberanz sieht aus wie eine riesige Stichflamme, die von der Sonnenoberfläche emporschießt.

Licht, das aus der Fotosphäre mit 5500 Grad Celsius stammt, ermöglicht alles Leben auf der Erde.

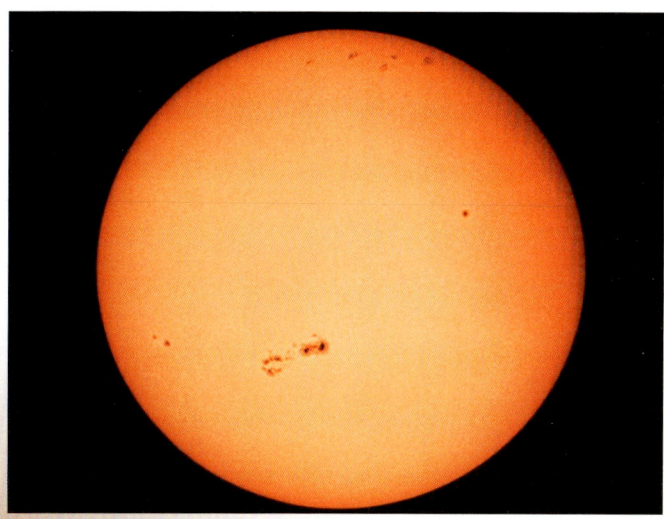

An den Sonnenflecken ist die Sonne weniger heiß.

Du entscheidest selbst:
- *Welche Planeten umkreisen die Sonne?* ➡ Seite 150/151
- *Wie unterstützt die Sonne den Wasserkreislauf?* ➡ Seite 148/149

Protuberanz

Sonnenflecken

Lies mal weiter!
Seite 118, 134, 150

Die Sonne beobachten

Noch mehr als Sonnenfle-cken und Protuberanzen fas-zinieren uns an der Sonne die Finsternisse.

Sonnenfinsternis

Die Erde dreht sich auf einer Umlaufbahn um die Sonne und der Mond auf einer kleineren Umlaufbahn um die Erde. Manchmal schiebt sich der Mond genau zwischen Sonne und Erde. Wo der Kernschatten des Mondes auf die Erde fällt, ist die Son-ne verdeckt. Man spricht von einer totalen Sonnenfinsternis, kurz „Sofi".

Teilweise und ringförmig

Es kann auch passieren, dass der Kernschatten des Mondes nicht auf die Erde fällt. Dann ist überall, wo der Halbschatten des Mondes hinfällt, eine partielle (teilweise) Sonnenfinsternis zu sehen. Und wenn der Mond während einer Sonnenfinsternis ziemlich weit von der Erde entfernt ist, kann er die Sonne nicht ganz verdecken: Dann sieht man im Kernschattenbereich eine ringförmige Finsternis.

Totale Sonnenfinsternis

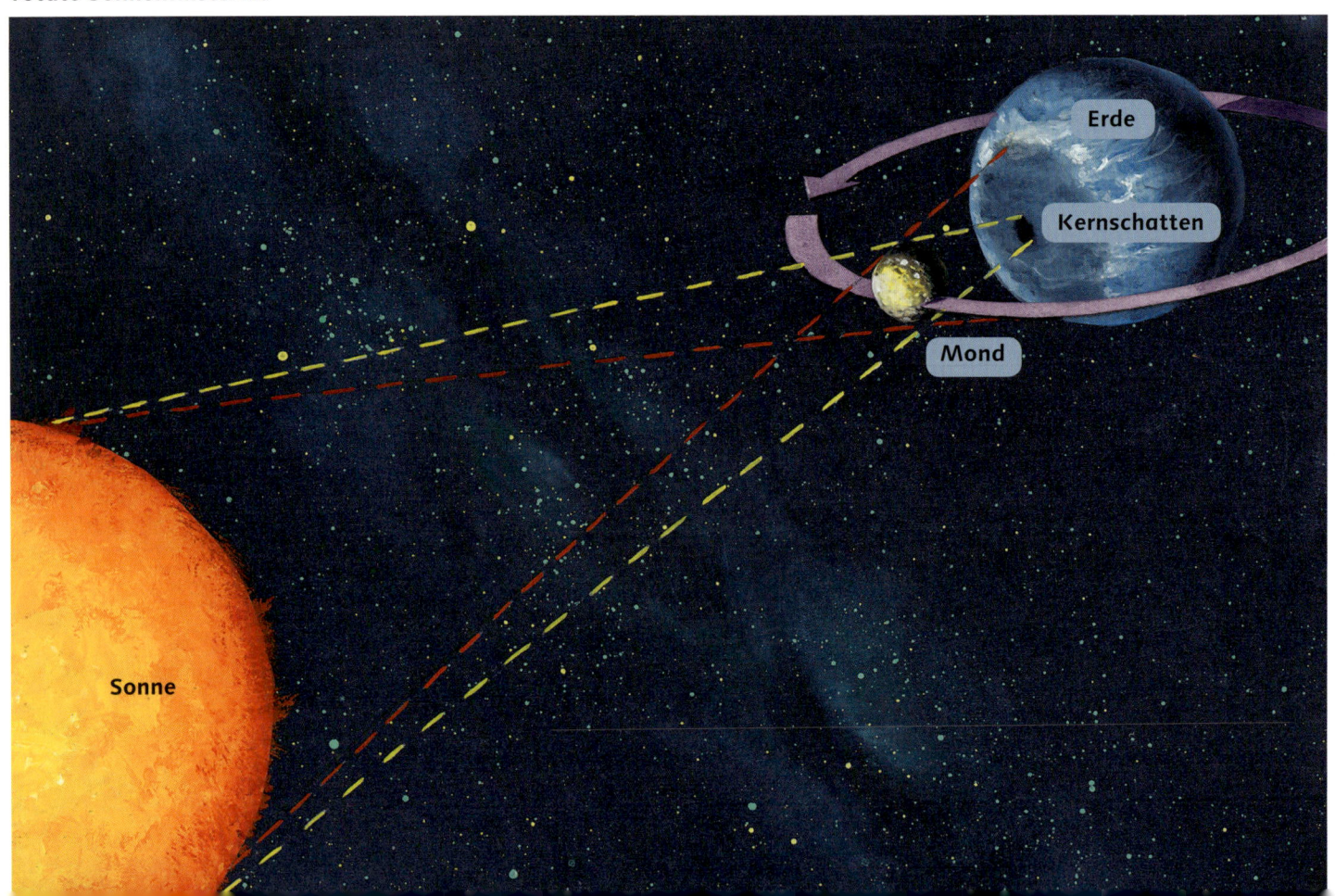

Erde

Kernschatten

Mond

Sonne

Bei einer totalen Sonnen-finsternis ist nur noch ein Lichtkranz um die Sonne zu sehen: die Korona.

Nie ohne Schutzbrille!

Die Sonne zu beobachten ist spannend, aber auch sehr gefährlich. Man kann sich, wenn man direkt in die Sonne schaut, sehr schwer verletzen: Die Sonnenstrahlung ist so stark, dass sie die Netzhaut des Auges verbrennen kann – bis zur Erblindung. Noch schneller passiert das, wenn man durch Fernglas oder Fernrohr schaut, weil diese das Licht bündeln. Bei der Beobachtung der Sonne sind deshalb strenge Sicher-heitsmaßnahmen zu beachten. Vor allem: Nie direkt ins Sonnenlicht schauen. Immer eine gute Schutz-brille tragen!

Hallo Laura,

die Sofi war super! Die Vögel hörten auf zu zwitschern und es wurde richtig kühl. Der Lichtkranz um die Sonne sah toll aus. Wir lagen so lange im Gras, bis die Sonne wieder ganz zu sehen war. Cool waren auch unsere Brillen. Ich muss mal nach-schauen, wann die nächste Sofi kommt.

Viele Grüße,
Tim

Lies mal weiter!
Seite 114, 136, 152

Sternbilder

Schon vor über 2000 Jahren erkannten die Griechen am Sternhimmel gleich bleibende Muster: die Sternbilder.

Namen der Sternbilder

Viele Namen unserer Sternbilder wurden den griechischen Sagen entnommen, wie Perseus, Andromeda, Herakles oder der Jäger Orion. Allerdings sind die Bilder, die die Griechen damals in den Sternmustern sahen, meist fast nicht zu erkennen. Unter dem Großen Wagen

Sternbild Großer Wagen

könnte man sich auch etwas anderes vorstellen. Aber viele Namen haben sich einfach eingebürgert.

1 Steinbock
2 Wassermann
3 Fische
4 Andromeda
5 Cassiopeia
6 Polarstern
7 Kleiner Wagen
8 Großer Wagen
9 Löwe
10 Jungfrau
11 Waage
12 Leier
13 Schlangenträger
14 Skorpion
15 Schütze

Um zum Beispiel den nördlichen Himmel zu sehen, das Buch so drehen, dass der Pfeil „Nord" auf dem Bild unten steht.

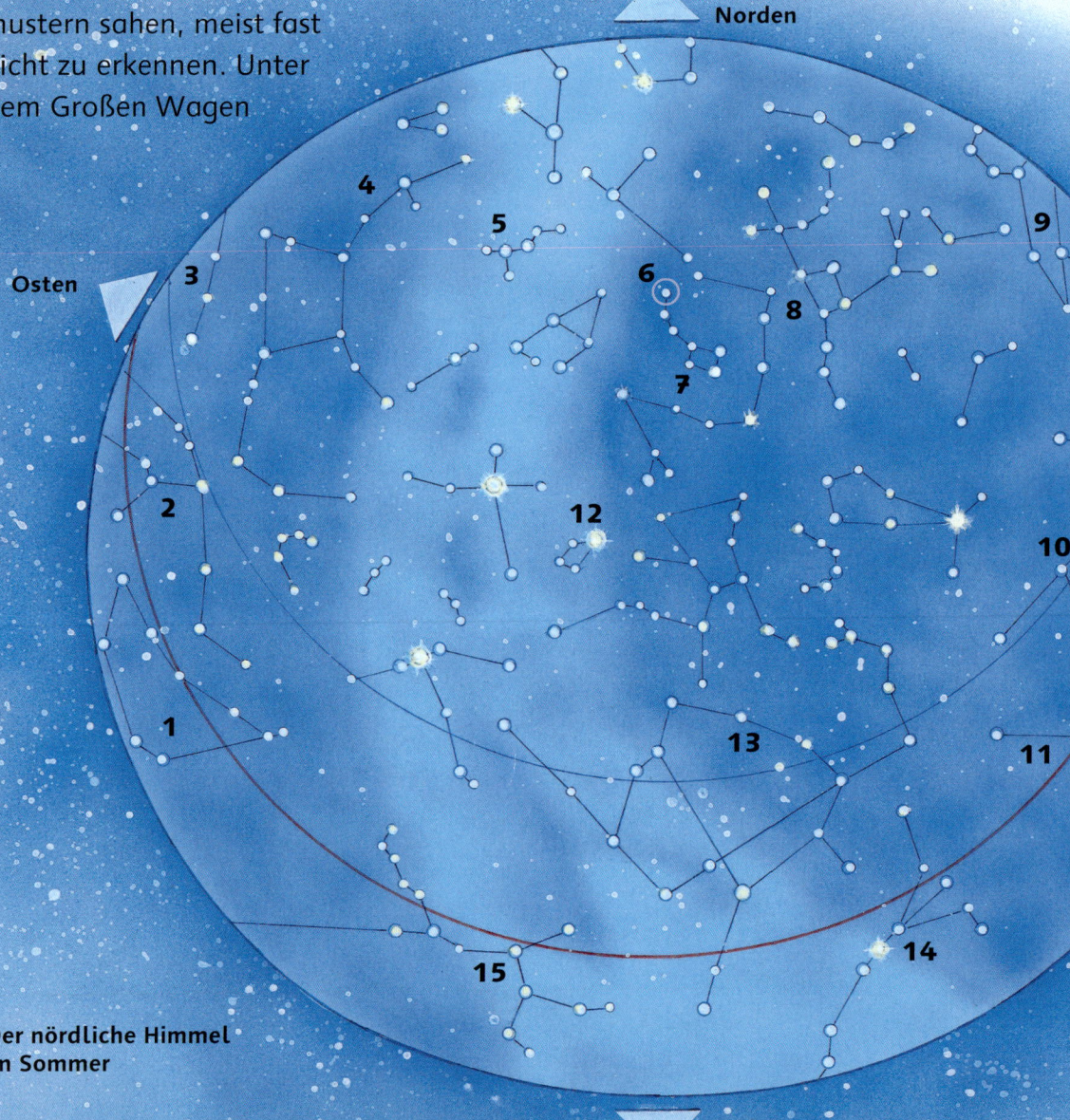

Norden

Osten

Süden

Der nördliche Himmel im Sommer

Keine klaren Linien

Ob man ein Sternbild sehen kann, hängt von den gedachten Linien zwischen den Sternen ab. Leider werden diese nicht in allen Sternkarten gleich angegeben. So werden bei gröberen Karten die weniger auffälligen Sterne eines Sternbildes einfach weggelassen.

Wegweiser am Himmel

Noch heute benutzen wir die Sternbilder als Orientierungshilfe. So kann man den Andromedanebel zum Beispiel gut mit dem Fernglas finden,

wenn man weiß, wo das Sternbild Andromeda liegt und wo darin der Andromedanebel. Dazu benutzt man einen Sternatlas.

Ständige Begleiter

Alle Sternbilder im Umkreis des Himmelsnordpols kann man bei uns das ganze Jahr sehen. Am nördlichen Sternhimmel hilft uns bei der Orientierung der Große Wagen, weil er uns zum Polarstern führt.

Im Sternbild Andromeda liegt eine ganze Galaxie: der Andromedanebel.

Westen

Du entscheidest selbst:
• Was ist Astrologie?
➡ Seite 142/143
• Wer war Galileo Galilei?
➡ Seite 114/115

Kaum zu glauben

Die Indianer Nordamerikas sahen im Sternbild Großer Wagen eine große Suppenkelle. Noch heute heißt er im Englischen so: Big Dipper.

Sternatlanten enthalten Stern- und Aufsuchkarten zum Beobachten des Nachthimmels.

Lies mal weiter!
Seite 112, 120, 154

Die Tierkreiszeichen

Normalerweise müssten solche Sternbilder wie der Große Wagen am bekanntesten sein. Aber Fische, Löwe und Jungfrau sind mindestens ebenso bekannt.

Die zwölf Sternzeichen

Und das, obwohl sie ganz unscheinbar sind. Aber sie gehören zu den Sternbildern des Tierkreises. Die Astrologie hat aus den zwölf Sternbildern des Tierkreises die Sternzeichen gemacht. Viele Menschen glauben, dass sie eine große Bedeutung haben.

Die Ekliptik

Was ist an diesen Sternbildern so besonders? Sie liegen alle auf der Bahn, auf der sich die Sonne im Laufe eines Jahres zu bewegen scheint, auf der Ekliptik. Der Tierkreis ist also ein Band von Sternbildern entlang der Ekliptik.

Mit Fischen geht es los

Das erste Sternbild des Tierkreises sind die Fische. Sie befinden sich beim Frühlingspunkt, also dort, wo die Sonne am Frühlingsanfang den Himmelsäquator schneidet.

Die Sternbilder liegen auf der Ekliptik: Das ist die Bahn, auf der sich die Sonne im Jahreslauf zu bewegen scheint.

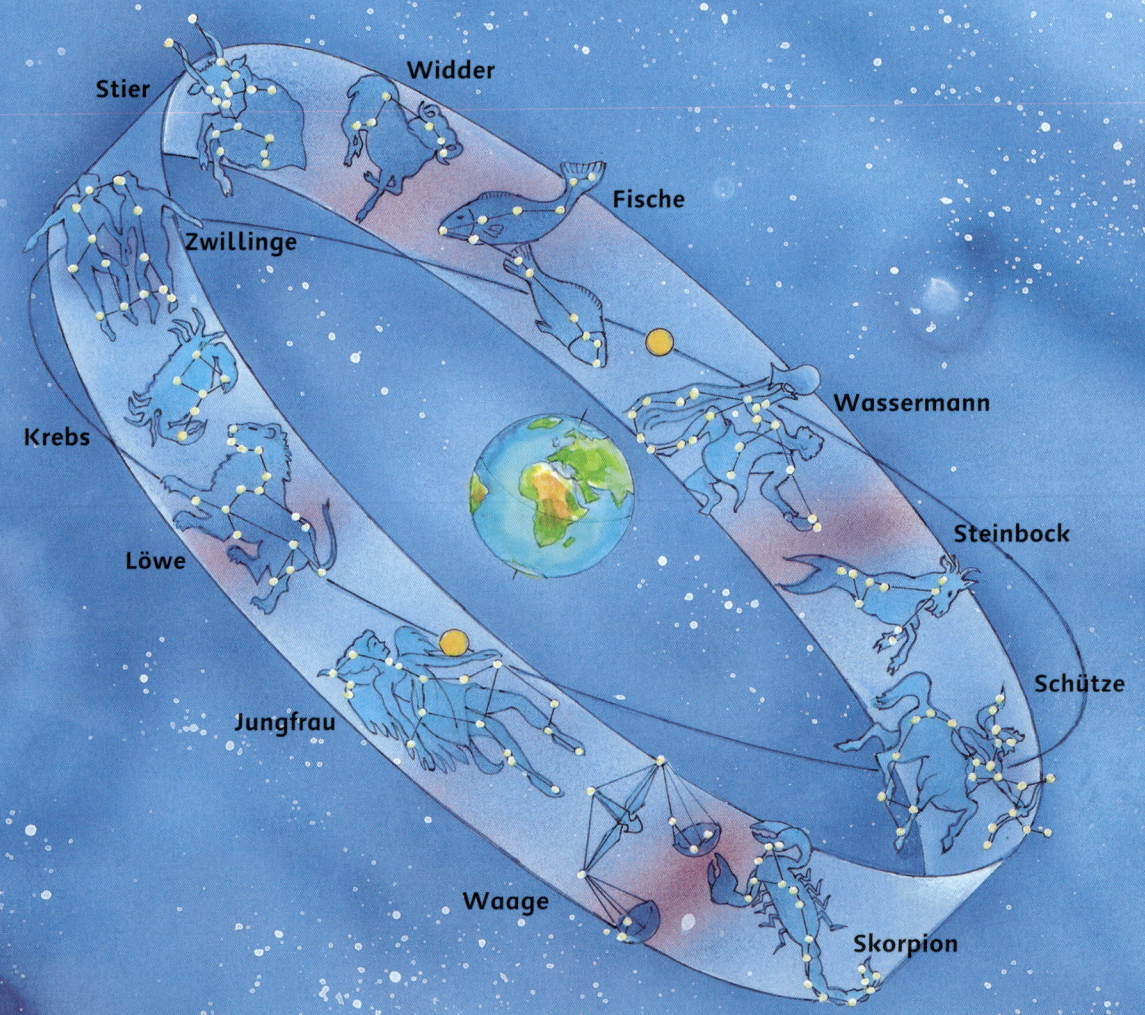

Stier

Widder

Zwillinge

Fische

Krebs

Wassermann

Löwe

Steinbock

Schütze

Jungfrau

Waage

Skorpion

Astronomie und Astrologie – nicht dasselbe!

Diese beiden Begriffe werden manchmal verwechselt, dabei meinen sie ganz Unterschiedliches: Astronomie ist die naturwissenschaftliche, physikalische Erforschung des Kosmos, die die Gesetzmäßigkeiten der Sterne beobachtet und verstehen will. Astrologie beschäftigt sich mit dem Einfluss der Sterne auf das Leben der Menschen und versucht damit, Schicksale zu deuten.

Aber gleich alt!

Astronomie und Astrologie sind wohl ungefähr gleich alt. Der Sternhimmel galt schon den alten Griechen als etwas Göttliches. Vom Stand der Sterne bei der Geburt eines Menschen wollte man auch Erkenntnisse über sein Wesen gewinnen und Ereignisse in seinem Leben voraussagen. Noch heute glauben viele Menschen an Horoskope, auch wenn es keine wissenschaftlichen Beweise gibt, dass sie sinnvoll und richtig sind.

Sternzeichen im Überblick

Fische
20.02.–20.03.

Widder
21.03.–20.04.

Stier
21.04.–20.05.

Zwillinge
21.05.–20.06.

Krebs
21.06.–22.07.

Löwe
23.07.–23.08.

Jungfrau
24.08.–23.09.

Waage
24.09.–23.10.

Skorpion
24.10.–22.11.

Schütze
23.11.–21.12.

Steinbock
22.12.–20.01.

Wassermann
21.01.–19.02.

Du entscheidest selbst:
- *Wie findet man den Polarstern?* ➡ *Seite 112/113*
- *Was sind Sternschnuppen?* ➡ *Seite 130/131*

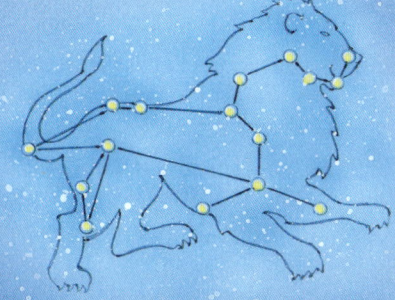

Das Sternbild Löwe ist besonders gut im Frühling am Sternhimmel zu sehen.

Lies mal weiter!
Seite 114, 124, 140

Von Riesen und Zwergen

Wenn der Wasserstoffvorrat eines Sterns aufgebraucht ist, beginnt eine dramatische Phase. Bei unserer Sonne wird es in etwa fünf Milliarden Jahren so weit sein. Der Stern kühlt dann an der Oberfläche ab und bläht sich auf: Er wird zu einem Roten Riesen.

Weißer Zwerg

Anschließend kann der Stern für einige Millionen Jahre abwechselnd kleiner und wieder größer werden. Danach fällt er in sich zusammen und wird zu einem sehr heißen, aber nur schwach leuchtenden Weißen Zwerg, der noch eine lange Lebenszeit hat. Er kühlt ganz allmählich ab. Er kann kleiner sein als die Erde, dabei aber die Masse der Sonne haben. Das heißt: Ein nussgroßes Stück des Weißen Zwergs wiegt so viel wie ein beladener Lkw!

Roter Überriese

Ein Stern, der etwa 8-mal so schwer wie die Sonne ist, wird nicht zu einem Weißen Zwerg, sondern kann zu einem Roten Riesen werden. Er bläht sich dann zum 2700-fachen Sonnendurchmesser auf. Seine Dichte ist aber so gering, dass man durch ihn hindurchsehen könnte.

Der Stern bläht sich auf.

Der Rote Riese wird größer und kühlt ab.

Ein Stern mit mehr als 8-facher Sonnenmasse wird zu einem Roten Überriesen.

Der Überriese explodiert in einer Supernova.

Schwarzes Loch

Neutronenstern

Schwarze Löcher

Ein Roter Riese stirbt schließlich
in einer gewaltigen Explosion,
einer Supernova. Von dem Stern
bleibt nur ein winziger Rest:
entweder ein Neutronenstern mit
20 Kilometer Durchmesser oder ein
Schwarzes Loch. Schwarze Löcher
sind noch viel winziger, viel dichter.
Und ihre ungeheure Schwerkraft
schluckt alles, was ihnen zu nahe
kommt. Der Begriff „Schwarzes Loch"
soll ausdrücken, dass sogar das
sichtbare Licht von einem Schwarzen
Loch „verschluckt" wird. Und ohne
Licht ist alles dunkel, eben schwarz.

Kaum zu glauben

Bei einer Supernova leuchtet
der explodierende Stern
für kurze Zeit heller als
eine Milliarde Sonnen.

○ **Sirius B**

○ **Sonne**

Aldebaran

Rigel

Beteigeuze

Die erste Supernova nach 383 Jahren

24. Februar 1987 – Wissenschaftler haben jetzt in einer Nachbargalaxie, der Großen Magellan'schen Wolke, mit dem Hubble-Weltraumteleskop eine Supernova entdeckt: die erste seit 1604! Sie trägt den Namen 1987A. Der auslösende Stern war Teil eines Systems von drei

Sonnen. Sein Alter zum Zeitpunkt der Explosion wird auf „nur" etwa 20 Millionen Jahre geschätzt.

Ein Größenvergleich
zeigt, dass unsere
Sonne nur ein winziger
Stern im Weltall ist.

Lies mal weiter!
Seite 116, 124, 134

Unser Planetensystem

Verglichen mit einer Galaxie ist unser Sonnensystem winzig. Um aber zum Beispiel Pluto am Rand des Sonnensystems zu erreichen, bräuchte man mit einem Raumfahrzeug doch immerhin 30 Jahre. Zu unserem Sonnensystem gehören acht Planeten, deren Monde, die Zwergplaneten und die viel kleineren Planetoiden. Besonders interessant ist der Mond, da er uns am nächsten ist und wir ihn gut beobachten können. Außerdem sind auf dem Mond schon Menschen gelandet. Aber auch Venus, Mars und Merkur sowie die riesigen Gasplaneten Jupiter, Saturn und Uranus sind spannende Forschungsgebiete.

Der Blaue Planet: unsere Erde

In unserem ganzen Sonnensystem ist es nur die Erde, die alle Voraussetzungen für das Entstehen von Leben bietet. Dazu gehören erträgliche Temperaturen, eine Lufthülle und viel Wasser.

Erde

• Durchmesser am Äquator: 12 756 km
• Umlaufzeit um die Sonne: 365 Tage
• Entfernung zur Sonne: 1 AE = 150 Millionen km
• Alter: 4,6 Milliarden Jahre

Kruste

Mantel

Kern

Die Atmosphäre

Die Lufthülle der Erde nennt man Atmosphäre. Sie gibt uns nicht nur Luft zum Atmen, sondern schützt uns auch vor schädlicher Strahlung aus dem Weltall. Sie ist mit dem Wasser, das unserem „Blauen Planeten" den Namen gab, die Grundlage für das Leben auf der Erde.

Bewegungen der Erde

Die Erde macht drei Bewegungen: Mit dem gesamten Sonnensystem bewegt sie sich mit ungefähr 72 360 Kilometern pro Stunde durch das Weltall. Mit etwa 106 000 Kilometern pro Stunde umkreist sie die Sonne. Dazu braucht sie ein Jahr. Und einmal am Tag dreht sich die Erde um ihre eigene Achse.

Lebenspender Sonne

Die Erde ist 150 Millionen km von der Sonne entfernt – genau der richtige Abstand, damit es uns weder zu heiß noch zu kalt wird und damit genug Licht auf die Erde trifft. Alle Lebewesen brauchen Wärme und Licht von der Sonne. Und die Lufthülle um unsere Erde gibt uns zum Beispiel Luft zum Atmen. Wasser ist ein genauso wichtiger Lebensstoff. Sein Kreislauf wird von der Sonne angetrieben.

Das Wasser der Ozeane macht die Erde zum blauen Planeten.

Du entscheidest selbst:
- Gibt es weiteres Leben im All?
  ➡ Seite 124/125
- Welches sind unsere Nachbarplaneten?
  ➡ Seite 150/151

Der Wasserkreislauf

1 Wasser verdunstet durch Wärme

2 ... wird zu Wasserdampf und steigt nach oben

3 ... kondensiert in kalter Luft

4 ... bildet viele Wassertröpfchen und eine Wolke

5 ... fällt als Niederschlag herab

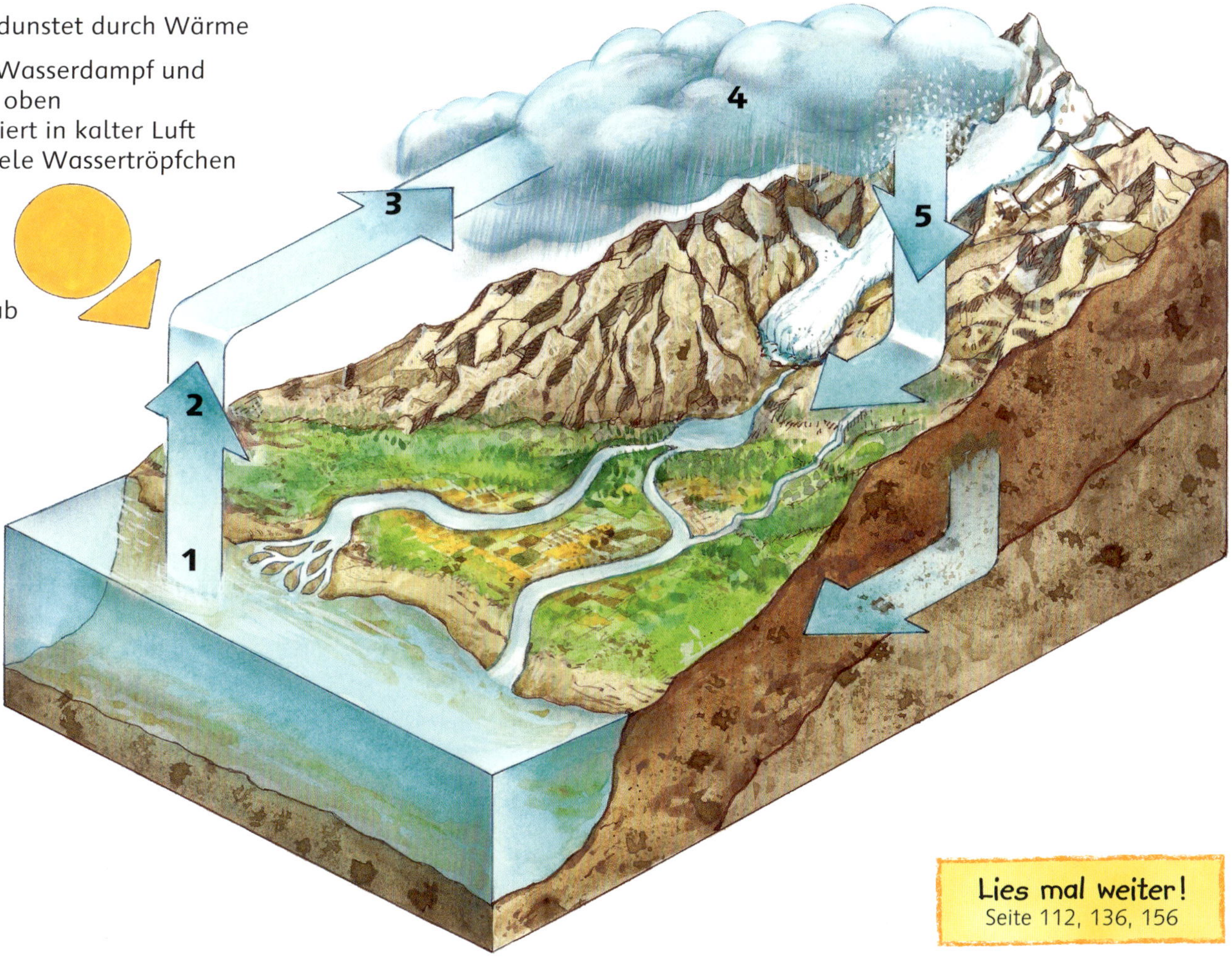

Lies mal weiter!
Seite 112, 136, 156

Unsere Nachbarn

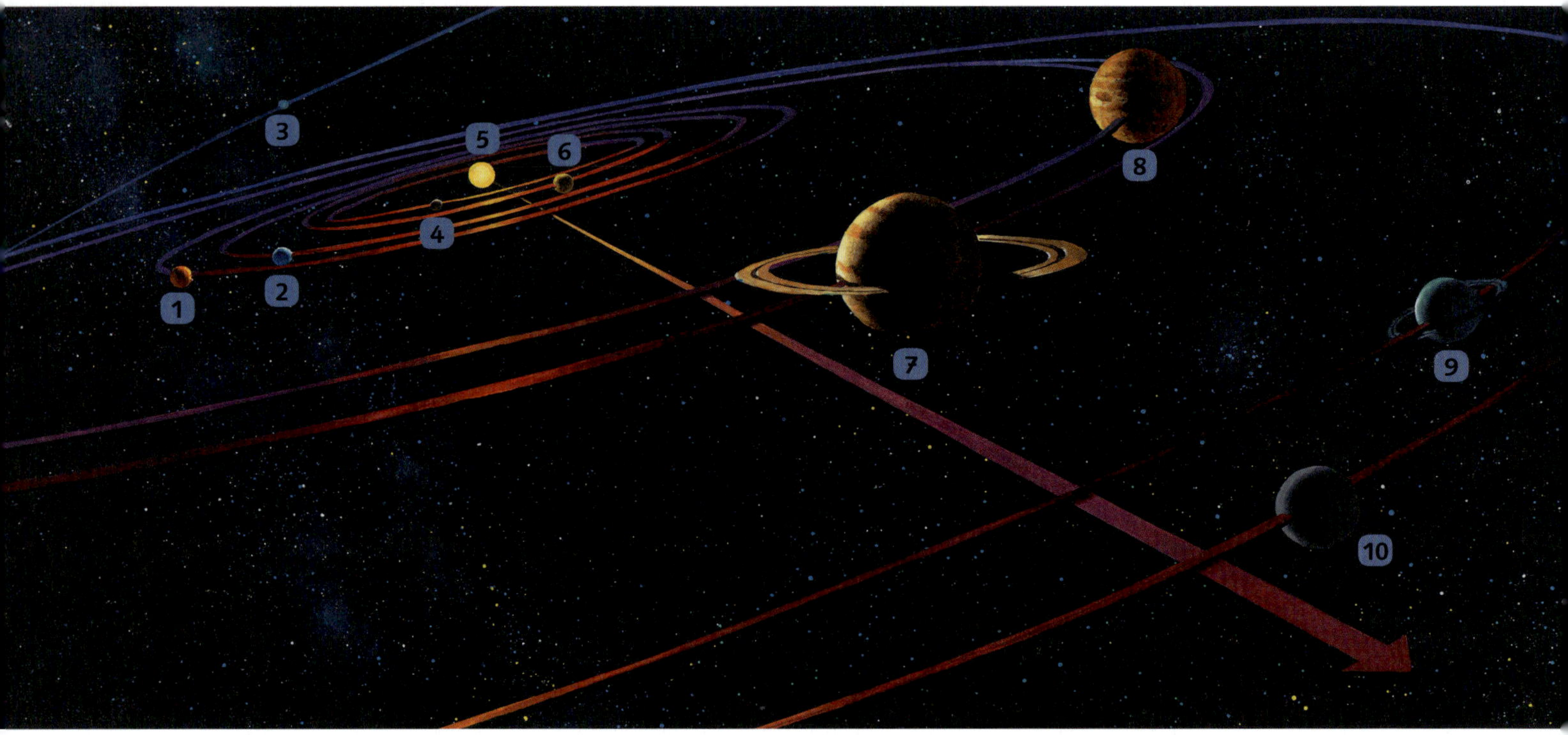

1 Mars
2 Erde
3 Zwergplanet Pluto
4 Merkur
5 Sonne
6 Venus
7 Saturn
8 Jupiter
9 Uranus
10 Neptun

Insgesamt acht Planeten umkreisen die Sonne. Im Vergleich mit ihr sind sie Leichtgewichte: Wäre das Sonnensystem ein Haufen mit 1000 Fußbällen, würde die Sonne davon 999 für sich beanspruchen. Den einen restlichen Fußball müssten sich alle Planeten teilen.

Die Planeten

Ein Planet ist ein Himmelskörper, der wie eine Kugel aussieht und sich auf einer freien Umlaufbahn um die Sonne bewegt. Planeten leuchten nicht selbst. Sie sind am Himmel sichtbar, weil sie das Licht der Sonne widerspiegeln, so wie unser Mond. Fünf Planeten kann man mit bloßem Auge erkennen: Venus, Jupiter, Mars, Saturn und Merkur.

Zwei Typen

Die Planeten unterscheiden sich nicht nur in ihrer Größe sehr stark voneinander: Die vier inneren Planeten Merkur, Venus, Erde und Mars sind feste Körper aus Gestein. Sie haben einen Kern aus Metall. Die vier äußeren Planeten Jupiter, Saturn, Uranus und Neptun sind gigantische Kugeln aus Gas.

Zwerg- und Miniplaneten

Neben den Planeten umkreisen zwischen Mars und Jupiter viele Miniplaneten die Sonne: die Planetoiden. Einige sind nicht größer als ein Fußballfeld. Größer sind Zwergplaneten wie Pluto, der es auf den halben Durchmesser von Merkur bringt. Er galt früher als Planet.

Teste dein Wissen!
Wie heißt der äußerste Planet?

(Neptun)

Pluto ist kein Planet mehr!

August 2006 – Nach einem hitzigen Streit entschieden 2500 Wissenschaftler aus 75 Ländern, dass Pluto ein „Zwergplanet" ist. Nach einer neuen Festlegung muss ein Planet um einen Stern kreisen, darf selbst kein Stern sein und muss kugelförmig sein. Außerdem muss er genug Masse haben, um seine Umlaufbahn von anderen Objekten „leer gefegt" zu haben: Nichts darf seine Bahn kreuzen. Und genau dies trifft auf Pluto nicht zu.

Johannes Kepler (1571–1630)
► deutscher Astronom und Mathematiker
► hat erkannt, dass Planeten die Sonne in elliptischen Bahnen umkreisen.
► Diese Gesetze der Planetenbewegung wurden Kepler'sche Gesetze genannt.

Elliptische Bahnen

Dabei bewegen sich alle Planeten auf elliptischen, ungefähr eiförmigen Bahnen. Sie liegen mit Ausnahme der Bahn des Pluto alle in einer Ebene. Je weiter außen ein Planet kreist, desto langsamer ist seine Bewegung. Auch Planetoiden und Zwergplaneten kreisen auf elliptischen Bahnen um die Sonne.

Mein Vater erklärt mir jeden Sonntag unsere neun Planeten.

Die Anfangsbuchstaben stehen für die Planeten mit wachsendem Abstand zur Sonne – sofern man den Zwergplaneten Pluto mitzählt.

Die Planeten sind sehr unterschiedlich in ihrer Größe.

Lies mal weiter!
Seite 136, 158, 172

Begleiter der Erde: der Mond

Als vor Jahrmilliarden die Sonne und die Planeten entstanden, bildeten sich viele weitere Himmelskörper. Sobald sie in die Anziehungskraft eines Planeten gerieten, zog dieser sie mit seiner Schwerkraft an: So konnte die Erde den Mond „einfangen".

Sonne

Erde

Mond

Kernschatten

Sonne

Erde

Mond

So sieht eine totale Mondfinsternis aus.

So sieht eine partielle Mondfinsternis aus.

Totale und partielle Mondfinsternis

Den Mond, unseren nächsten Nachbarn, kann man auch ohne Teleskop gut beobachten.

Denn die Erde ist um ein Vielfaches größer als der Mond, im Vergleich etwa wie die Größe eines Fußballs zu einem Tennisball. Und je größer ein Objekt ist, desto stärker ist seine Schwerkraft.

Mond

- Durchmesser am Äquator: 3480 km
- Phasendurchlauf von Vollmond zu Vollmond: 29 Tage, 12 Stunden, 44 Minuten
- Entfernung zur Erde: 384 400 km
- Alter: 4,6 Milliarden Jahre

Mondgestein

Mondfinsternisse

Die Erde wirft einen langen Schatten ins All und ist ungefähr viermal so groß wie der Mond. Wenn der Mond in der Phase des Vollmonds durch den Kernschatten der Erde zieht und Sonne, Erde und Mond genau auf einer Linie liegen, dann sieht man überall auf der Nachtseite der Erde eine totale Mondfinsternis. Sie ist – im Gegensatz zur Sonnenfinsternis – an jedem Ort der Nachtseite der Erde aus zu sehen.

Mondmeere

Der Mond besteht aus festem Gestein und einem eisenhaltigen Kern. Die dunklen Flecken auf dem Mond heißen „Mare". Auf Deutsch bedeutet das „Meer". Allerdings bestehen diese „Meere" nicht aus Wasser, sondern aus erstarrter Lava.

Da sich der Mond beinahe genauso schnell um sich selbst dreht, wie er sich um die Erde dreht, kann man von der Erde aus immer nur dieselbe Seite des Mondes sehen.

Partielle Finsternis

Manchmal liegen Sonne, Erde und Mond fast auf einer Linie. Dann schneidet der Mond den Kernschatten der Erde nur. Wir sehen eine partielle (teilweise) Mondfinsternis.

Du entscheidest selbst:
- Was ist der Unterschied zwischen Fernglas und Fernrohr? ➡ Seite 114/115
- Was hat der Mond mit dem Kalender zu tun? ➡ Seite 120/121

Der Mond leuchtet nicht selbst. Er wirft nur das Licht der Sonne zurück.

Kaum zu glauben

Auf dem Mond ist jeder ein Superathlet: Wegen der geringeren Schwerkraft wiegt dort alles nur ein Sechstel im Vergleich zur Erde!

Lies mal weiter!
Seite 114, 138, 168

Merkur und Venus

Merkur ist der erste Planet, von der Sonne aus gesehen. Ihm folgt Venus. Sie umrunden die Sonne viel näher als die Erde.

Der heiß-kalte Planet

Deshalb wird es dort auch viel heißer als bei uns, wenn die Sonne scheint. Die Oberfläche von Merkur wird bis zu 430 Grad Celsius heiß! Bei dieser Hitze schmelzen viele Metalle wie zum Beispiel Blei.

Ewig Lange Tage

Ein Merkurtag ist nicht nur extrem heiß, sondern auch extrem lang: 88 Erdentage lang scheint die Sonne, dann folgt eine 88 Erdentage lange Nacht. Dabei wird es bis zu minus 180 Grad Celsius kalt.

Das Innere von Merkur bildet ein sehr großer Eisenkern. Er ist von einem dünnen Mantel und einer noch dünneren Kruste aus Gestein umgeben. Merkur ist etwas größer als der Mond. Auch seine steinige Oberfläche ist mit Kratern über- sät, die von Meteoriteneinschlägen stammen.

Merkur – der heiß-kalte Wüstenstern

Merkur

- Durchmesser am Äquator: 4878 km
- Umlaufzeit um die Sonne: 88 Erdentage
- Entfernung zur Sonne: 58 Millionen km

Venus

- Durchmesser am Äquator: 12 100 km
- Umlaufzeit um die Sonne: 225 Erdentage
- Entfernung zur Sonne: 108 Millionen km

Venus

Venus ist etwas kleiner als die Erde, fast genauso schwer und auch ähnlich aufgebaut. Ansonsten haben beide wenig gemeinsam: Die steinige Oberfläche der Venus ist mit riesigen Vulkanen übersät. Einige sind vermutlich noch aktiv. Die Atmosphäre der Venus enthält vor allem das giftige Gas Kohlendioxid, was jedes Leben unmöglich macht.

Die Göttin der Schönheit

Ihren Namen verdankt die Venus der römischen Göttin der Liebe und Schönheit. Sie ist ja auch als Abend- und Morgenstern schön anzuschauen.

Die Venus, der Morgen- oder Abendstern, ist gut zu sehen kurz vor Sonnenaufgang bzw. nach Sonnenuntergang.

Venus – die tödliche Wolken- hölle

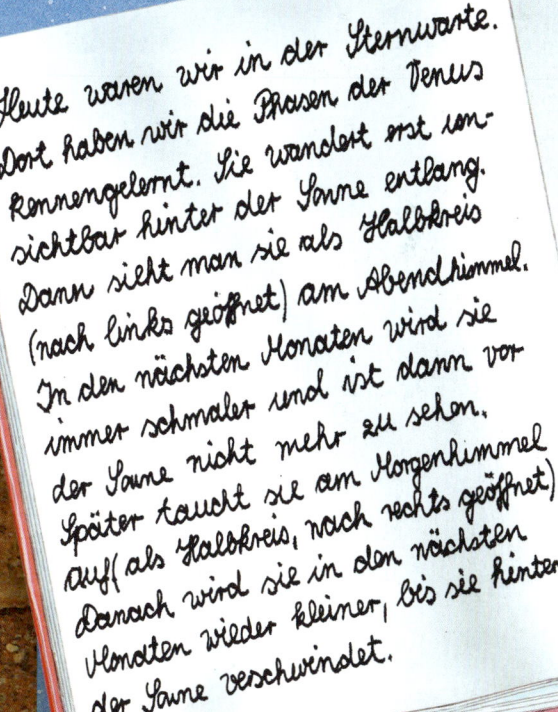

Heute waren wir in der Sternwarte. Dort haben wir die Phasen der Venus kennengelernt. Sie wandert erst sonnsichtbar hinter der Sonne entlang. Dann sieht man sie als Halbkreis (nach links geöffnet) am Abendhimmel. In den nächsten Monaten wird sie immer schmaler und ist dann vor der Sonne nicht mehr zu sehen. Später taucht sie am Morgenhimmel auf (als Halbkreis, nach rechts geöffnet). Danach wird sie in den nächsten Monaten wieder kleiner, bis sie hinter der Sonne verschwindet.

Auf der Venus sind viele Vulkane aktiv.

Lies mal weiter!
Seite 140, 156, 172

Mars

Mars
- Durchmesser am Äquator: 6794 km
- Umlaufzeit um die Sonne: 687 Erdentage
- Entfernung zur Sonne: 228 Millionen km

Nach der Erde kommt die Nummer vier unter den Planeten: Mars. Zwei winzige Monde, Phobos und Deimos, umkreisen ihn. Er ist einer der Gesteinsplaneten und ähnlich wie diese aufgebaut. Seine rote Farbe hat er von den Eisenverbindungen in seinem Gestein.

Vulkane und Seen

Seine Oberfläche ist eine steinige Wüste mit riesigen erloschenen Vulkanen und ausgetrockneten Seen und Flussbetten. Vor langer, langer Zeit war es auf dem Mars wohl so warm, dass es dort flüssiges Wasser gab. Inzwischen ist der Mars stark abgekühlt und alles vorhandene Wasser ist zu Eis gefroren.

Lange Reise

Eine Reise mit einem Raumschiff zum Mars würde etwa ein Jahr dauern. Der Mars ist heute nicht so kalt, dass menschliches Leben dort unmöglich wäre. Deshalb wird erforscht, ob vielleicht irgendwann einmal Menschen dort angesiedelt werden könnten.

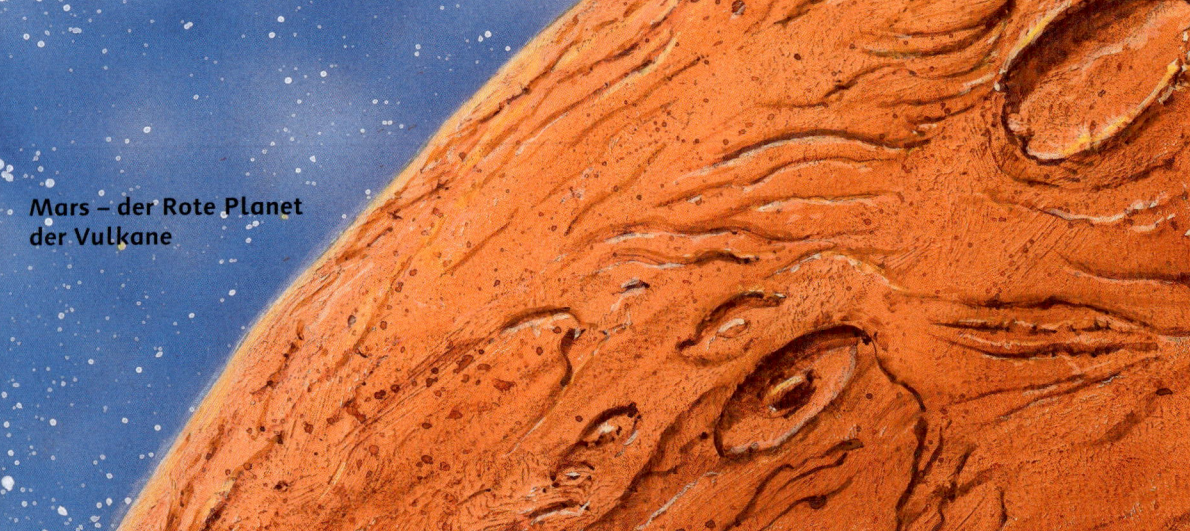

Mars – der Rote Planet der Vulkane

Kaum zu glauben

Viele Menschen glauben an Leben im All: So gerieten 1938 viele Zuhörer eines Hörspiels über Marsmenschen noch während der Radiosendung in Panik, weil sie glaubten, es seien wirklich Marsmenschen gelandet.

Das erste „Auto" auf dem Mars

4. Juli 1997 - Zwar sind noch keine Menschen auf dem Mars gelandet, aber immerhin ein Auto, und zwar der Rover Sojourner. Er landete jetzt zusammen mit der Sonde Pathfinder auf dem Nachbarplaneten. Sojourner ist mit drei Kameras sowie Instrumenten zur Messung von Bodenproben ausgestattet. Dank seiner Beweglichkeit können viel mehr Gesteins- und Bodenproben analysiert werden, als es einer gewöhnlichen Sonde möglich wäre.

Leben auf dem Mars?

Raumsonden haben ganz eindeutig erforscht, dass der Mars heute unbelebt ist. Früher jedoch, als es auf dem Mars noch wärmer war, könnte es dort ganz einfache Lebewesen gegeben haben. Das schließen Wissenschaftler aus einem Meteoriten, der vom Mars stammt. Sie fanden darin Muster, die wie Versteinerungen früherer Lebewesen (Fossilien) auf der Erde aussehen. Das könnten vielleicht Spuren von früheren Marsbewohnern sein, die mit der Abkühlung des Planeten ausgestorben sind.

Sojourner war 1997 das erste von Menschen gebaute motorisierte Fahrzeug auf dem Mars.

Lies mal weiter!
Seite 136, 150, 154

Du entscheidest selbst:
- Womit beschleunigen Raumsonden? ➡ Seite 172/173
- Welche Längeneinheiten gibt es im All? ➡ Seite 118/119

Auf dem Mars gibt es riesige erloschene Vulkane und ausgetrocknete Seen und Flussbetten.

Jupiter und Saturn

Jupiter ist der größte Planet unseres Sonnensystems: Sein Rauminhalt (Volumen) ist 1400-mal größer als der der Erde. Er ist auch der erste der Gasplaneten.

Schneller Kreisel

Jupiter besteht hauptsächlich aus Wasserstoff. In seiner Atmosphäre ist er gasförmig wie Luft und im Mantel flüssig wie Wasser. Jupiter dreht sich sehr viel schneller um sich selbst als die Erde, obwohl er 11-mal größer ist. Die schnelle Drehbewegung beschleunigt die Winde, die nicht – wie auf der Erde – von einer festen Oberfläche gebremst werden. Jupiter hat einen schmalen Ring aus Staub.

Saturn

Saturn kann man noch mit bloßem Auge erkennen. Er ist 10-mal weiter von der Sonne entfernt als die Erde.

Der Saturnmond Titan ist größer als der Planet Merkur.

Winde und Ringe

Saturn ist ebenfalls ein Gasplanet und dreht sich sehr schnell um seine Achse. Auch in seiner Atmosphäre toben ständig sehr starke Winde. Einzigartig sind die mehr als 100 000 Saturnringe. Man kann sie nur durch ein starkes Teleskop sehen.

Der „Große Rote Fleck" auf Jupiter

Die Saturnringe bestehen aus Gesteins- und Eisbrocken. Größe: zwischen Stecknadelkopf und Haus.

Die Planetoiden

Zwischen Mars und Jupiter kreisen über 100 000 Miniplaneten auf nahe beieinanderliegenden Bahnen um die Sonne. Diese Planetoiden sind Brocken aus Gestein oder Metall. Meist sehen sie aus wie Steine. Die kleinsten haben einen Durchmesser von etwa 100 Metern. Ceres kreist zwar auch im Planetoidengürtel, ist aber mit einem Durchmesser von 1020 Kilometern so groß, dass er zu den Zwergplaneten zählt. Wenn ein großer Planetoid auf der Erde einschlagen würde, hätte dies verheerende Folgen – ungefähr wie die zeitgleiche Explosion mehrerer Atombomben am selben Ort.

Vier der 60 Jupitermonde im Vergleich zum Erdmond

Teste dein Wissen!

Welcher Planet hat Tausende von Ringen?

(Saturn)

Jupiter

- Durchmesser am Äquator: 143 000 km
- Umlaufzeit um die Sonne: 11,86 Erdenjahre
- Entfernung zur Sonne: 778 Millionen km
- Monde: über 60

Saturn

- Durchmesser am Äquator: 120 500 km
- Umlaufzeit um die Sonne: 29,46 Erdenjahre
- Entfernung zur Sonne: 1429 Millionen km
- Monde: mindestens 60

Planetoiden sind Miniplaneten, die zwischen Mars und Jupiter um die Sonne kreisen.

Lies mal weiter!
Seite 136, 150, 172

Äußere und Zwergplaneten

Uranus, Neptun und Zwergplaneten wie Pluto und Xena sind so weit von uns entfernt, dass wir sie mit bloßem Auge nicht mehr erkennen können. Sie wurden deshalb auch erst in der Neuzeit entdeckt. Die anderen Planeten waren schon im Altertum bekannt gewesen.

Zwei Gasriesen

Die Gasplaneten Uranus und Neptun sind etwa gleich groß und leuchten bläulich. Beide haben sehr dünne Ringe und viele Monde. Sie sind wasserstoffreiche Gasriesen.

Uranus und Neptun

Auf Uranus und Neptun herrschen starke Wirbelstürme. Sie erreichen auf Neptun Windgeschwindigkeiten von über 2100 km/h! Auf Uranus wird es nie wärmer als minus 209 Grad Celsius, denn er empfängt 370-mal weniger Sonnenenergie als unsere Erde.

Monde und Ringe

Den Neptun umkreisen 13 Monde. Der Uranus hat 21 Monde und mindestens elf dünne, schwarze Ringe. Diese Ringe sind meist nicht breiter als 15 Kilometer. Der innerste Ring bildet eine Ausnahme: Er ist 2500 Kilometer breit.

Uranus – eine kalte Eiskugel

Pluto – der Zwergplanet besteht aus Gestein und Eis.

Neptun – eiskalt wie sein Bruder Uranus

Zwergplaneten

Pluto galt bis 2006 als Planet. Der Zwergplanet besteht aus Gestein und Eis und benötigt knapp 248 Jahre, um die Sonne zu umrunden. Er bewegt sich auf einer stärker geneigten und eiförmigeren Umlaufbahn als die anderen Planeten. Dank der modernen Teleskope werden in den kommenden Jahren sicher noch weitere Zwergplaneten entdeckt.

Du entscheidest selbst:
- Kann man einen Kometen-aufprall im All sehen?
  ➡ Seite 130/131
- Wie heißen die beiden anderen Gasplaneten?
  ➡ Seite 158/159

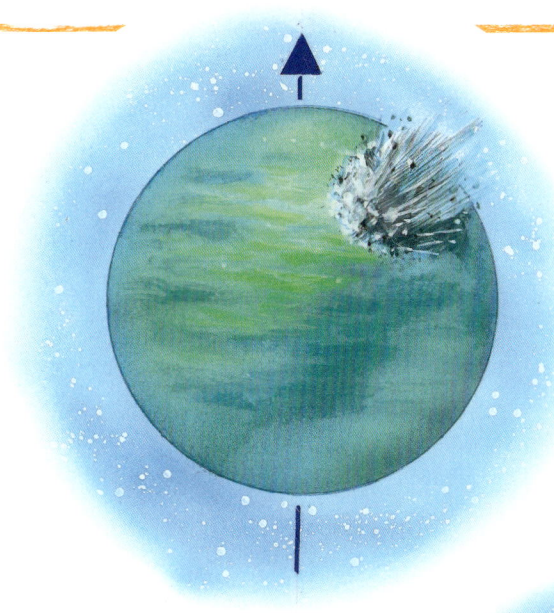

1. In der Frühzeit des Sonnensystems prallte möglicherweise ein großer Himmelskörper auf Uranus.

2. Durch diesen gewaltigen Zusammenstoß wurde die Drehachse von Uranus so gekippt, dass der Planet heute auf der Seite rollt – ganz anders als Saturn.

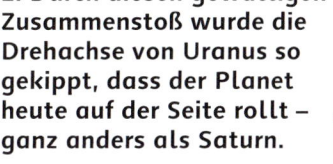

Uranus
- Durchmesser am Äquator: 51 118 km
- Umlaufzeit um die Sonne: 84 Erdenjahre
- Entfernung zur Sonne: 2870 Millionen km
- Monde: mindestens 27

Neptun
- Durchmesser am Äquator: 49 530 km
- Umlaufzeit um die Sonne: 165 Erdenjahre
- Entfernung zur Sonne: 4490 Millionen km
- Monde: 13

Kaum zu glauben

Heftig für Uranus, praktisch für uns: Durch die gekippte Drehachse können wir Saturn und Uranus leichter unterscheiden.

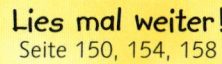

Lies mal weiter!
Seite 150, 154, 158

Forschung und Raumfahrt

Mit der ersten Landung eines Menschen auf dem Mond wurde ein großer Traum der Menschheit wahr. Welche Technik war dafür nötig? Was erreichten die Männer auf dem Mond? Genauso spannend ist die Frage, was es im Weltall sonst noch alles zu erkunden gibt. Ein erster Schritt wurde mit der Weltraumstation ISS getan, auf der Astronauten und Wissenschaftler Schritt für Schritt das Leben und Arbeiten im All erforschen. Außerdem dringen Raumsonden bis an die Grenzen unseres Sonnensystems vor und senden von dort interessante Bilder.

Raketen und Raumfähren

Wenn man einen Apfel hochwirft, wird er von der Schwerkraft „zurückgezogen" und fällt wieder auf die Erde.

Die Fluchtgeschwindigkeit

Würde man ihn mit 40 000 Kilometern pro Stunde in die Luft schießen, könnte er der Schwerkraft entfliehen und ins All fliegen. Diese Geschwindigkeit nennt man Fluchtgeschwindigkeit. Raketen müssen sie erreichen, um sich von der Erde zu entfernen.

Explosiver Treibstoff an Bord

Das geht aber nur mit der riesigen Schubkraft, die durch Verbrennen von enorm viel Treibstoff entsteht. Gerade diese riesige Menge an explosiven Stoffen an Bord macht die Raumfahrt so gefährlich und führte auch schon zu tödlichen Unfällen.

Saturn V und Ariane

Zu den berühmtesten Raketentypen zählt die gewaltige Saturn-V-Rakete der US-Raumfahrtbehörde NASA: Sie brachte die Menschen zum Mond. Und die Ariane-Raketen, mit denen die europäische Weltraumagentur ESA Satelliten ins All befördert.

Spaceshuttle

Bis 2011 wurden die amerikanischen Astronauten mit der Raumfähre Spaceshuttle ins All gebracht. Bei der Rückkehr landet der Spaceshuttle wie ein Segelflugzeug.

Mit „Ariane"-Raketen befördert die europäische Weltraumagentur ESA Satelliten ins All.

Raketen werden auf „Weltraumbahnhöfen" wie dem John F. Kennedy Space Center am Cape Canaveral gestartet.

Raumfähre Spaceshuttle

Abschuss-rampe

Wassertank (zur Lärmdämpfung beim Start)

Satelliten können viel

Das Wichtigste, was Raketen und
Shuttles an Bord haben, sind Satelliten. Die sollen ins All gebracht werden und dann die Erde auf festen
Bahnen umkreisen. Manche übermitteln Telefongespräche, andere
ermöglichen Live-Übertragungen
im Fernsehen. Navigationssatelliten
helfen Schiffen und Flugzeugen bei
der Bestimmung ihrer Position. Und
Astronomen benutzen Satelliten,
um von der Erde ins Universum zu
blicken.

Den allerersten künstlichen Satelliten
„Sputnik" startete die Sowjetunion 1957.

Du entscheidest selbst:
• Was bewirkt die Schwer-
  kraft auf der Erde?
  ➡ Seite 118/119
• Wie lange dauert ein
  Flug zum Mars?
  ➡ Seite 156/157

Heute haben wir das John F.
Kennedy Space Center besucht.
Von hier aus starten alle Raumflüge der USA. Die Crawler-Trans-
porter waren total interessant.
Damit werden die Raketen zu den
Startplätzen gefahren. Die Transporter
sind riesig: 40 mal 35 Meter, das
ist mehr als 3-mal so groß wie
unser Basketballfeld! Außerdem
sind sie total lahm: Sie brauchen
fünf Stunden für die Strecke zu
den Startplätzen!

**Hermann Obert
(1894–1989)**
▶ Physiker und
  Raketenpionier
▶ Er gilt als einer
  der Begründer der
  wissenschaftlichen
  Raketentechnik
▶ Lehrer von
  Wernher von Braun
▶ In den 1950er
  Jahren arbeitete
  er in den USA
  im Raketen-Ent-
  wicklungszentrum
  in Huntsville
  (Alabama).

**Wernher
von Braun
(1912–1977)**
▶ deutscher Raketen-
  bauer
▶ nach dem 2. Welt-
  krieg in den USA
  beteiligt an der
  Entwicklung des
  Raumfahrtpro-
  gramms der NASA
▶ „Vater" der
  Saturn V

Lies mal weiter!
Seite 118, 170, 172

Viele Generationen lang träumten die Menschen von Reisen in das Weltall. Erst 1961 erfüllte sich dieser Traum. Der sowjetische Kosmonaut Juri Gagarin flog mit einer Rakete ins All und umkreiste die Erde. 1965 war Alexei Leonow der erste Mensch außerhalb eines Raumfahrzeugs in der Schwerelosigkeit des Alls.

Beim Astronautentraining

Interview mit Prof. Kosmos
Prof. Kosmos bereitet sich auf seinen Ausflug zur ISS vor.

Wie kann man Schwerelosigkeit „ausprobieren"?
Prof. Kosmos: Wir machen sogenannte Parabelflüge. Dabei geht ein Spezialflugzeug in den Steigflug, dann schaltet der Pilot den Antrieb ab, und das Flugzeug fliegt eine gebogene Bahn. Dabei tritt Schwerelosigkeit ein.

Für wie lange?
Prof. Kosmos: Für etwa 30 Sekunden, bis der Pilot das Flugzeug abfängt. In dieser Zeit bekommt man ein gutes Gefühl für die Schwerelosigkeit.

Fit fürs All?

Um ins All zu fliegen und in der Schwerelosigkeit zurechtzukommen, muss man absolut gesund und fit

Ein Raumfahrer bei einem Weltraumspaziergang

Kamera

Helm mit Kopfhörer und Mikrofon

Steuerung der Raketen

Anzug

Raketenrucksack

sein. Zur Vorbereitung für einen Raumflug trainieren Astronauten deshalb lange und hart, zum Beispiel üben sie auch das Essen und Trinken im Weltraum.

Training im Wasserbecken

Große Wasserbecken vermitteln ein Gefühl für Schwerelosigkeit. Astronauten tragen dabei spezielle Raumanzüge und üben die Experimente, die sie auch während des Raumfluges durchführen sollen.

Der Raumanzug

Für Weltraumspaziergänge außerhalb der Kapsel benötigt ein Astronaut einen absolut luftdichten Raumanzug. Doch dieser muss noch ganz andere Funktionen erfüllen: Er liefert frische Atemluft, entfernt

die ausgeatmete Luft und regelt die Luftfeuchtigkeit und die Körpertemperatur.

Feste Nahrung wird aufgewärmt und kommt auf einen besonderen Teller, damit sie nicht davonschwebt.

Raketenrucksack

Über den Raumanzug läuft auch die Radioverbindung mit dem Raumschiff und dem Kontrollzentrum. Und auf dem Rücken ist ein „Raketenrucksack" zur Fortbewegung montiert.

Kaum zu glauben

Der teuerste Maßanzug ist laut Guinnessbuch der Rekorde ein Raumfahrtanzug der NASA: Kosten von über drei Millionen US-Dollar!

Auch in Wasserbecken kann man die Schwerelosigkeit des Alls trainieren.

Lies mal weiter!
Seite 118, 168, 170

Auf dem Mond

Nur ein Dutzend Menschen ist bislang auf dem Mond spazieren gegangen. Sie befanden sich an Bord der sechs Mondlandefähren des Apollo-Programms, die von 1969 bis 1972 auf dem Mond aufsetzten.

Erster Mensch auf dem Mond

Die erste Mondlandung wurde am 16. Juli 1969 eingeleitet: Eine Saturn V startete mit Apollo 11 in den Himmel. Am 20. Juli begann der Landeanflug zum Mond. Er wurde im Fernsehen in alle Welt übertragen. Um 22.17 Uhr landete die Fähre. Neil Armstrong betrat als erster Mensch den Mond. Er sagte dazu: „Dies ist ein kleiner Schritt für einen Menschen, aber ein Riesensprung für die ganze Menschheit."

Kaum zu glauben

Ohne Wind und Wasser werden die Fußspuren auf dem Mond nicht verwischt. Sie und die Spuren der Mondautos bleiben deshalb rund 100 Millionen Jahre erhalten.

Erste Bodenproben und Experimente

Die Astronauten nahmen verschiedene Bodenproben. Außerdem wurden zwei wissenschaftliche Experimente gestartet: eins zur Messung von Meteoreinschlägen und Mondbeben und eins zur genauen Bestimmung der Entfernung von Erde und Mond. Dazu wurde ein Laserreflektor aufgestellt, der Laserstrahlen von der Erde zurückwirft.

Mondlandefähre Apollo 15

In Quarantäne

Nach ihrer Rückkehr wurden die Astronauten der Mondmissionen in Quarantäne gesteckt, das heißt von allen anderen Menschen isoliert. Man wollte sichergehen, dass sie keine unbekannten außerirdischen Krankheiten mit auf die Erde gebracht haben.

Auch die Bodenproben kamen in Quarantäne, aus demselben Grund, aber auch, um sie selbst vor Verunreinigung durch irdische Keime zu schützen.

Du entscheidest selbst:
• Welche Sternzeichen gibt es?
➡ Seite 142/143
• Wie landet der Spaceshuttle?
➡ Seite 164/165

St. Pauls Kathedrale, London, Höhe: 111 Meter

Die gigantische Saturn-V-Rakete (Höhe: 110 Meter) brachte Apollo 11 und damit die ersten Menschen zum Mond.

Mondfahrzeug Rover

Berühmte Mondmissionen

• 1969: Apollo 11 – erste Menschen auf dem Mond und erste Bodenproben

• 1970: Apollo 13 – Mission gescheitert, alle Astronauten aber geborgen

• 1971: Apollo 15 – zum ersten Mal Mondfahrzeug „Rover" für Ausflug in weitere Umgebung

Lies mal weiter!
Seite 118, 150, 166

Die russische Raum-station „Mir"

Teste dein Wissen!

Was erzeugt Strom auf der ISS?

(Solarpaddel)

Die ISS ist 108 Meter lang und 74 Meter breit.

Zu Beginn der Raumflüge konnten Astronauten jeweils nur wenige Tage im All bleiben. Heute leben sie über längere Zeit in einer Weltraum-station, die die Erde umkreist. Raumstationen sind wichtig, weil Menschen dort Experimente bei sehr, sehr geringer Schwerkraft ausführen können. Die Astronauten beobachten sich auch selbst, um herauszufinden, wie sich der menschliche Körper im Welt-raum verhält – als Grundlage für noch längere Weltraummissionen, etwa zum Mars.

Mir

Die von den Sowjets entwickelte Raumstation Mir („Frieden") wurde 1986 gestartet. Auf ihr wurden wich-tige Erkenntnisse für den Bau von Raumstationen und über das Leben und Arbeiten im All gesammelt. Im April 2000 dockte die letzte Besatzung an, weil der Betrieb zu teuer geworden war. Schließlich lenkten die Forscher die Mir kontrol-liert aus ihrer Erdumlaufbahn und ließen sie am 23. März 2001 in den Pazifischen Ozean stürzen – ein Großteil der Station war bereits beim Wiedereintritt in die Erdatmosphäre verglüht.

Solarpaddel, so groß wie ein Fußballfeld, sichern die Stromver-sorgung.

Meilensteine im Weltall

- 1957: Hündin Laika in Sputnik 2 erstes Lebewesen im All
- 1961: Juri Gagarin erster Mensch in einer Raumkapsel in Erdumlaufbahn
- 1965: Erster Weltraumausflug durch Alexei Leonow
- 1969: Neil Armstrong erster Mensch auf dem Mond
- 1984: Mit Swetlana Sawizkaja erster Weltraumspaziergang einer Frau
- 1987 bis 1988: Langzeitrekord von 366 Tagen im All durch Wladimir Titow und Musa Manarow
- 1998: John Glenn mit 77 Jahren ältester Astronaut

ISS

Vereinfacht gesagt ist die Internationale Raumstation (ISS) ein bemanntes wissenschaftliches Labor im All. An dem Projekt sind 16 Nationen beteiligt, darunter Deutschland, Russland und die USA. Seit dem 2. November 2000 ist die ISS andauernd von einer Crew bewohnt.

Ein Deutscher im All

Die 450 Tonnen schwere Raumstation umkreist die Erde in einer Höhe von knapp 400 Kilometern. Auf dem Flug STS-121 im Juli 2006 wurde Thomas Reiter als erster deutscher Raumfahrer zu einem Langzeitaufenthalt auf die ISS gebracht.

Dennis Tito (geboren 1940)
- amerikanischer Unternehmer und Multimillionär
- 2001 international bekannt als der erste Weltraumtourist in der Raumfahrtgeschichte
- bezahlte für den Flug 20 Millionen US-Dollar.

Das Columbus-Weltraumlabor für die ISS soll als zentrale Station für Versuche in der Schwerelosigkeit dienen.

Heute konnten wir Herrn Müller überreden, bei der Aktion „School in Space" mitzumachen. Dabei kann man so experimentieren, wie der Astronaut Thomas Reiter auf der ISS. Es geht um einen Behälter mit Wasser-Öl-Gemisch. Nach dem Schütteln vermischen sich Wasser und Öl, später trennen sie sich wieder. Dann haben wir uns gefragt, wie sich das Gemisch in der Schwerelosigkeit verhält. Das Ergebnis können wir im Fernsehen über Video aus dem All sehen.

Lies mal weiter! Seite 116, 136, 148

Raumsonden

Eine Weltraumsonde ist ein unbemanntes Raumfahrzeug, das unser Sonnensystem und ferne Planeten erforscht und Messwerte und Bilder zur Erde übermittelt.

Schwerkraft als „Motor"

Solche Sonden haben viele Entdeckungen gemacht, die von der Erde aus nicht möglich gewesen wären, denn sie sind nicht wie Satelliten an die Erde „gebunden". Auf ihren Flügen nutzen sie geschickt die Schwerkraft der Planeten zur Beschleunigung.

Pioneer 10 und 11

Wissenschaftliche Erkenntnisse brachten die Raumsonden Pioneer 10 und 11. 1973 erreichte Pioneer 10 als erstes menschliches Objekt den Jupiter. 1979 kam Pioneer 11 in die Nähe des Saturns und durchquerte seine Ringebene.

Voyager 1 und 2

Die beiden Voyager-Sonden folgten 1977. Sie nutzten eine seltene Gelegenheit aus, als Planeten günstig zueinander standen, sodass sie mit wenig Treibstoff gleich vier Planeten anfliegen konnten. Sie erreichten Jupiter, Saturn, Uranus und Neptun.

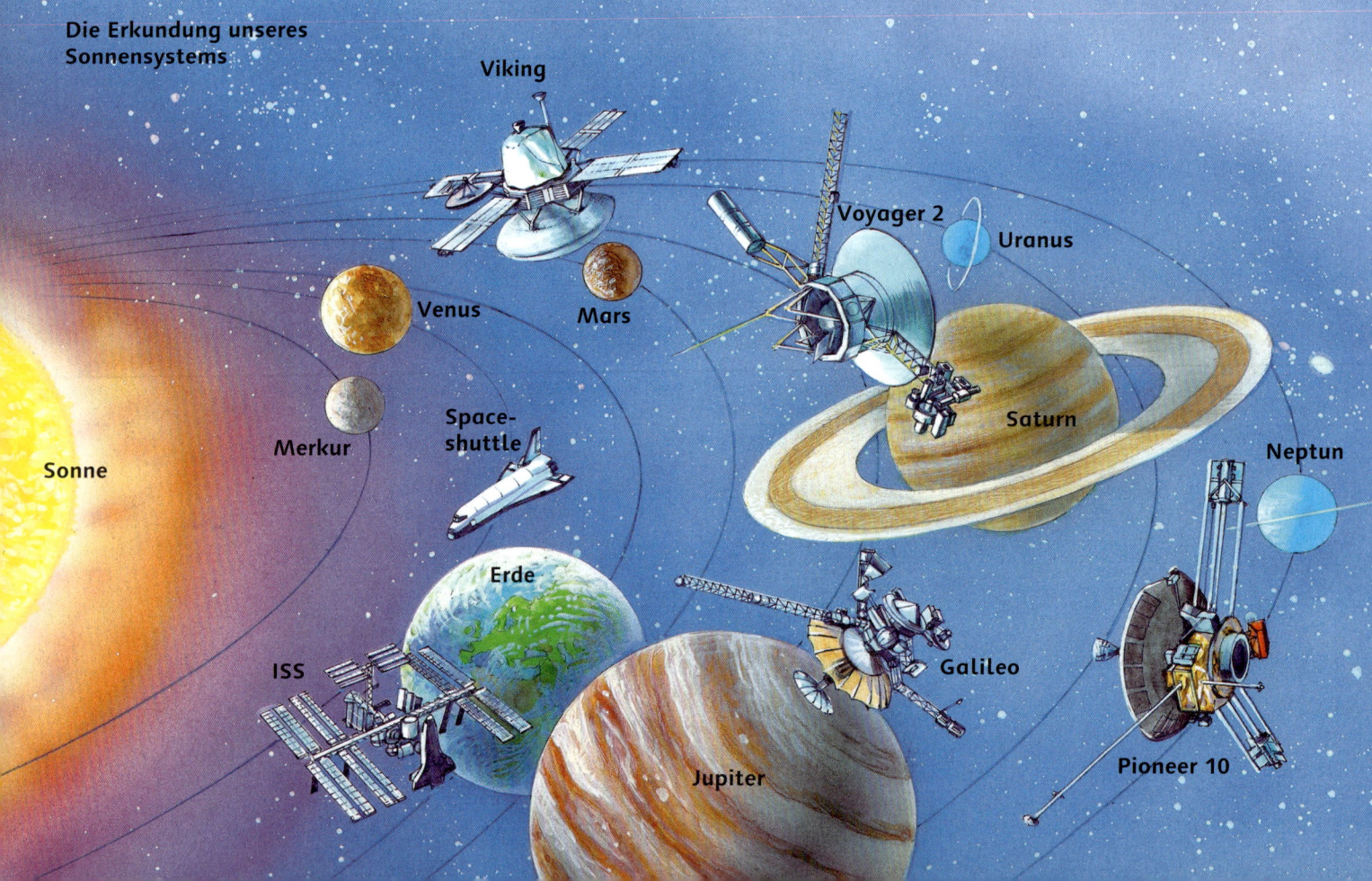

Die Erkundung unseres Sonnensystems

Viking · Voyager 2 · Uranus · Venus · Mars · Sonne · Merkur · Spaceshuttle · Neptun · Erde · ISS · Galileo · Pioneer 10 · Saturn · Jupiter

Legendäre Raumsonden
- 1959: Mit Luna 2 erstmals auf Mond
- 1962: Mariner an Venus vorbei
- 1976: Viking 1 und 2 mit Landekapseln auf Mars
- 1977: Voyager 1 und 2 auf dem Weg zu Jupiter, Saturn, Uranus und Neptun

Die goldene Schallplatte

An Bord beider Voyager-Sonden ist eine goldene Schallplatte mit gespeicherten Daten wie 27 Musik- stücken, 35 Geräuschen und 115 Bil- dern. So können sich Außerirdische ein Bild von der Erde machen. Und falls sie keinen Plattenspieler haben, liegt dafür eine Bauanleitung bei!

Die Weltraumsonden Viking 1 und 2 setzten Landeeinheiten per Fallschirm zur Landung auf dem Mars aus.

Pathfinder und Sojourner

Eine weitere spektakuläre Sonde war 1997 Pathfinder. Sie setzte das Geländefahrzeug Sojourner auf dem Mars aus. Es machte Messungen von der chemischen Zusammensetzung des Gesteins.

Du entscheidest selbst:
- Gibt es Vulkane auf der Venus?
  ➡ Seite 52/53
- Was sind Planetoiden?
  ➡ Seite 56/57

Hi, Tim!

Warst du schon mal im Planetarium? Hier siehst du die Sterne auf einer riesigen Kuppel an der Decke. Unser Planetarium zeigt mehr als 3000 Sterne! Total viel Spaß macht es auch, an Bord einer Sonde durchs Sonnensystem zu rasen. Das musst du dir anschauen.

Laura

Tim Meyer
Allershauserweg 15
10117 Berlin

Lies mal weiter!
Seite 116, 118, 124

Die Planeten auf einen Blick

In zunehmender Entfernung von der Sonne:

Merkur
Umlaufzeit: 88 Tage
Rotation (Drehen um die eigene Achse):
59 Tage
Entfernung zur Sonne: 58 Millionen
Kilometer
Anzahl der Monde: 0
Oberflächentemperatur: − 180° bis + 430°
Besonderheiten: Die Oberfläche des Merkur
ist mit Kratern übersät. Der Planet liegt der
Sonne am nächsten und bewegt sich sehr
schnell.

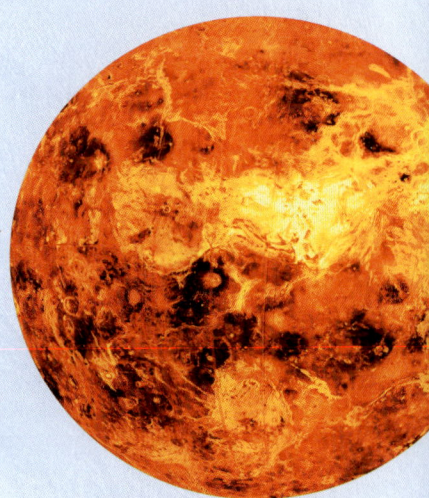

Venus
Umlaufzeit: 225 Tage
Rotation: 234 Tage
Entfernung zur Sonne: 108 Millionen Kilometer
Anzahl der Monde: 0
Oberflächentemperatur: + 480°
Besonderheiten: Die Venus strahlt sehr hell, wie
die Erde wird auch sie von der Sonne erwärmt. Der
Druck ist hier 100-mal so groß wie der Luftdruck
auf der Erde – ein Mensch würde zermalmt werden.

Erde
Umlaufzeit: 365,25 Tage (= ein Jahr)
Rotation: 24 Stunden (= ein Tag)
Entfernung zur Sonne: 150 Millionen Kilometer
Anzahl der Monde: 1
Oberflächentemperatur: − 70° bis + 55°
Besonderheiten: Die Erde ist der einzige Planet, auf
dem Leben entstehen konnte, weil die umgebende
Atmosphäre ausreichend Sauerstoff enthält.

Mars
Umlaufzeit: 687 Tage
Rotation: 24,6 Stunden
Entfernung zur Sonne: 228 Millionen Kilometer
Anzahl der Monde: 2
Oberflächentemperatur: − 120° bis + 25°
Besonderheiten: Seine Oberfläche ist von rotem Gestein
bedeckt und weist viele Gräben, Vulkane und Gebirgs-
ketten auf. Der Tag dauert auf dem Mars nur eine halbe
Stunde länger als auf der Erde und es gibt Jahreszeiten.

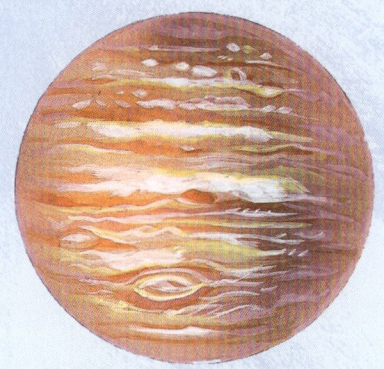

Jupiter

Umlaufzeit: 11,9 Jahre
Rotation: 9,8 Stunden
Entfernung zur Sonne: 778 Millionen Kilometer
Anzahl der Monde: über 60
Oberflächentemperatur: − 150°
Besonderheiten: Jupiter ist der größte Planet unseres Sonnensystems. Ein Tag auf dem Jupiter dauert weniger als 10 Stunden, das ist der kürzeste Tag im Sonnensystem.

Saturn

Umlaufzeit: 29,5 Jahre
Rotation: 10,2 Stunden
Entfernung zur Sonne: 1,429 Milliarden Kilometer
Anzahl der Monde: mindestens 60
Oberflächentemperatur: − 180°
Besonderheiten: Sehr auffallend sind die Ringe des Saturn. Jeder von Ihnen besteht aus Tausenden sehr schmaler Bänder. Wie Jupiter, Uranus und Neptun besteht auch der Saturn nur aus Gasen.

Uranus

Umlaufzeit: 84 Jahre
Rotation: 17,9 Stunden
Entfernung zur Sonne: 2,871 Milliarden Kilometer
Anzahl der Monde: mindestens 27
Oberflächentemperatur: − 214°
Besonderheiten: Der Himmelskörper mit grünlicher Färbung hat eine völlig auf der Seite liegende Drehachse. Man vermutet, dass die gekippte Achse auf einen Zusammenprall mit einem großen Himmelskörper zurückzuführen ist.

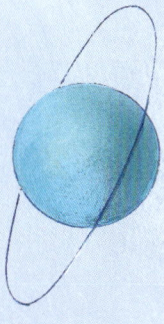

Neptun

Umlaufzeit: 165 Jahre
Rotation: 19,2 Stunden
Entfernung zur Sonne: 4,497 Milliarden Kilometer
Anzahl der Monde: 13
Oberflächentemperatur: − 220°
Besonderheiten: Neptun ist der kleinste der vier Gasplaneten. Auf dem Neptun herrschen viele Wirbelstürme.

Rekorde der Erde

Die höchsten Berge:
Mount Everest, Nepal/Tibet 8850 m
  (höchster Berg der Welt)
Dufourspitze, Schweiz 4634 m
  (höchster Berg der Schweiz)
Großglockner, Österreich 3797 m
  (höchster Berg Österreichs)
Zugspitze, Deutschland 2962 m
  (höchster Berg Deutschlands)

Die 10 längsten Flüsse der Welt:
 1. Nil, Afrika 6671 km
 2. Amazonas, Süd-
    amerika 6518 km
 3. Mississippi-
    Missouri, USA
    6051 km
 4. Ob-Irtysch,
    Russland
    5567 km
 5. Jangtsekiang,
    China 5470 km
 6. Huangho (Gelber
    Fluss), China 4827 km
 7. Kongo, Afrika 4377 km
 8. Amur, Asien 4354 km
 9. Lena, Russland 4264 km
10. Mackenzie-Peace River, Kanada
    4063 km

Die längsten Flüsse Europas (Auswahl):
1. Wolga, 3530 km
2. Donau, 2850 km (auf 350 km fließt sie
   durch Österreich, auf 647 km durch
   Deutschland)
3. Rhein, 1320 km (867 km verlaufen durch
   deutsches Gebiet, 375 km durch die
   Schweiz)

Feucht und nass:
Das größte Delta bilden der Ganges
und der Brahmaputra in Bangladesch
(ehemals Ostpakistan) und Westbengalen
(Indien). Es erstreckt sich über ein Gebiet
von 75 000 km².

Die 10 größten Seen der Welt:
1. Kaspisches Meer, Russland – Iran
   393 898 km²
2. Oberer See, USA – Kanada 82 414 km²
3. Victoria-See, Tansania – Kenia –
   Uganda 69 485 km²
 4. Aral-See, Russland 68 682 km²
 5. Huron-See, USA-Kanada 59 596 km²
 6. Michigan-See, USA 58 016 km²
 7. Tanganjika-See, Zaire-Tanzania-
    Zambia-Burundi 32 893 km²
 8. Großer Bären-See, Kanada
    31 792 km²
 9. Baikal-See, Russland 31 492 km²
10. Großer Sklaven-See, Kanada
    28 438 km²

Die dickste Eisschicht der Erde:
Sie wurde 1975 von amerikanischen Antarktisforschern
400 km vor der Küste in
Wilkes Land vom Flugzeug
aus gemessen: Sie beträgt
4776 m!

Leben in Eiseskälte:
Kältester ständig bewohnter
Ort: das 700 m hoch gelegene sibirische Dorf
Oimjakon (4000 Einwohner) –
hier betrug die Temperatur 1933
-68 °C.

Der kälteste Ort der Erde:
Am 21. Juli 1983 wurde in der Ostantarktis
-89,2 °C gemessen!

Die windigste Region der Welt:
Die Commonwealth Bay in der Antarktis, hier
können Stürme eine Geschwindigkeit von
320 km/h erreichen.

Windrekord in Deutschland:
Am 24. November 1984 erreichte ein
Orkan über dem Brockengipfel im Harz Ge-
schwindigkeiten von 263 km/h.

Der zerstörerischste Hurrikan:
Der Hurrikan Gilbert wütete vom 12. bis
19. September 1988 sowohl in der Karibik als
auch in Mexiko und Texas (USA). Es wurden
über 350 Menschen getötet und 750 000
Menschen obdachlos.

Rekorde des Wetters

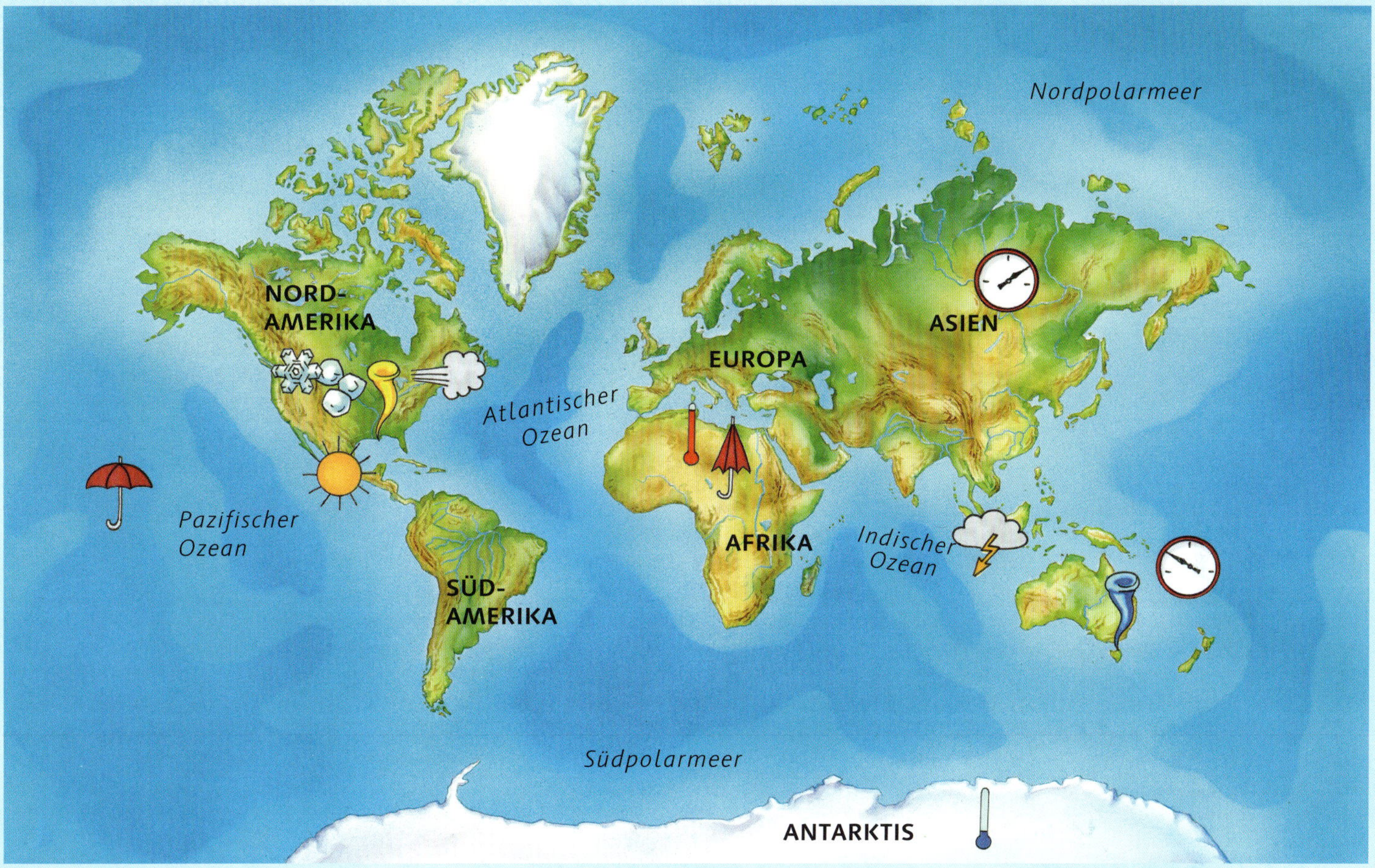

Nordpolarmeer

NORD-
AMERIKA

ASIEN

EUROPA

Atlantischer
Ozean

Pazifischer
Ozean

AFRIKA

Indischer
Ozean

SÜD-
AMERIKA

Südpolarmeer

ANTARKTIS

Wetterrekorde

 Meister Regen: Auf dem Mount Waialeale auf Hawaii regnet es im Jahr durchschnittlich 11 684 mm.

 Wenigster Regen: In der Oase Dachla in Ägypten regnet es nur 0,7 mm im Jahresdurchschnitt.

Höchste Temperatur: Die höchste Temperatur wurde im August 1923 in El Asisija (Libyen) gemessen: 57,3 °C.

 Niedrigste Temperatur: Die tiefste Temperatur wurde am 21.07.1983 in Wostok (Antarktis) gemessen: −89,2 °C

Größter Schneefall: Zwischen dem 14. und 15.04.1921 fielen in Silver Lake in Colorado (USA) 193 cm Schnee.

Größtes Hagelkorn: Das größte Hagelkorn fiel am 03.09.1970 bei Coffeyville, Kansas (USA). Es wog 750 g und hatte einen Durchmesser von 44 cm.

Längster fortlaufender Weg eines Tornados: Am 26.05.1917 fegte ein Tornado durch die US-Bundesstaaten Illinois und Indiana und legte dabei eine Strecke von 469 km zurück.

 **Größte Wasserhose:** Am 16.05.1898 tobte vor der Küste von Neusüdwales (Australien) eine 1528 m hohe und 3 m breite Wasserhose.

 Längste Sonnenscheindauer: In Yuma, Arizona (USA) scheint die Sonne im Jahresdurchschnitt 4015,3 Stunden.

 Häufigste Gewitter: In Bongor auf der Insel Java (Indonesien) kann man an 322 Tagen im Jahr Gewitterdonner hören.

 Stärkste Windböe: Am 12.04.1934 fegte über den Mount Washington, New Hampshire (USA) eine Windböe mit 416 km/h hinweg.

 Tiefster Luftdruck: 870 hPa wurden am 12.10.1979 im Taifun „Tip" 482 km westlich von der Insel Guam im Pazifik gemessen.

 Höchster Luftdruck: Am 31.12.1968 wurden in Agata (Nordwestsibirien) 1083,8 hPa gemessen.

Abschussrampe Ort, von dem aus Raketen ins All starten.

Antarktis Das Gebiet rund um den Südpol, hier leben nur Wissenschaftler, die das Gebiet erforschen.

Äquator Gedachter Ring, der sich in der Mitte zwischen Nord- und Südpol um die Erde zieht. Er liegt bei 0° geografischer Breite.

Arktis Das Gebiet rund um den Nordpol, hier leben die Inuit („Eskimos").

Astrologie Versuch, aus der Position der Planeten auf das Leben der Menschen zu schließen.

Astronaut Besatzungsmitglied in einem Raumfahrzeug. Russische Astronauten werden Kosmonauten genannt. Dennis Tito war der erste Tourist im Weltraum. 2001 verbrachte er eine Woche in der Internationalen Raumstation.

Astronomie Wissenschaft von den Planeten, Sternen und weiteren Himmelskörpern.

Atmosphäre Hülle aus Gas, die einen Planeten, Mond oder Stern umgibt. Die Erdatmosphäre ist die Lufthülle der Erde, die hauptsächlich aus Stickstoff und Sauerstoff besteht. Sie wird in verschiedene Schichten eingeteilt: Troposphäre, Stratosphäre, Mesosphäre, Thermosphäre und Exosphäre.

Barometer Gerät zur Messung des Luftdrucks.

Bauernregeln Volksweisheiten, meist in Reimform, die Aussagen über das zukünftige Wettergeschehen machen. Sie basieren auf Wetter- und Naturbeobachtungen und waren ursprünglich als Hinweise für das Verhalten im Alltag und bei der Arbeit gedacht. Nur begrenzt zuverlässig.

Beaufort-Skala Sie gibt die Windgeschwindigkeit und -stärke an; die Werte reichen von 0 (Windstille) bis 12 (Orkan).

Blitz Natürliche, sehr helle Funkenentladung am Himmel bei einem Gewitter. Findet zwischen zwei unterschiedlich geladenen Wolken oder zwischen Wolke und Erdoberfläche statt. Meist zusammen mit Donner.

Breitengrade Gedachte Kreise um die Erde, parallel zum Äquator.

Coriolis-Kraft Eine Kraft, die jedes bewegte Luftteilchen auf der Nordhalbkugel nach rechts und auf der Südhalbkugel nach links ablenkt. Sie entsteht durch die Rotation der Erde.

Delta Ein fächerförmig aufgeteilter Flusslauf an der Mündung, durch angeschwemmte Sedimente verursacht.

Doppelstern System aus zwei Sternen, die sich um den gemeinsamen Mittelpunkt ihrer Massen bewegen. Durch ihre Schwerkraft halten sie zusammen.

Eiszeit Kalter Abschnitt der Erdgeschichte, in der die Temperatur um bis zu 8 °C sank. Große Gebiete der Erde waren mit Eis bedeckt. Wechseln Eis- und Warmzeiten mehrmals, nennt man diesen Zeitabschnitt Eiszeitalter.

Ekliptik Projektion der Erdbahnebene auf die Himmelskugel. Sie ist in zwölf Abschnitte unterteilt, die den Tierkreiszeichen entsprechen.

El Niño Erwärmung des Wassers im östlichen tropischen Pazifik vor den Küsten von Peru und Ecuador. Tritt um Weihnachten herum alle 3 bis 7 Jahre in verstärkter Form auf. Unter anderem gibt es dadurch in den Tropen in trockenen Gebieten Überschwemmungen und in sonst feuchten Gebieten Dürren.

Elliptisch Fast kreisrund oder wie ein zusammengedrücktes Oval geformt. Als elliptisch bezeichnet man die Form eines Gegenstandes oder einer Umlaufbahn.

Epizentrum Zentrum eines Erdbebens.

Erdbeben Plötzliche Bewegungen in der Erdkruste, die zu starken Erschütterungen auf der Erde führen.

Erde Der einzige bekannte bewohnte Planet im Sonnensystem; die Erde besteht aus der Erdkruste (äußerste Schicht der Erde), dem Erdmantel (Zone des Erdinneren zwischen Kruste und Kern) und dem Erdkern (fester Erdmittelpunkt).

Erdkruste Äußere Gesteinshülle der Erde.

Erdmantel Breite Schicht unter der Erdkruste.

Erosion Abtragung der Oberfläche der Erde durch Wind, Eis oder Wasser.

Erz Metallhaltiges Gestein.

Exosphäre Die äußerste Schicht der Erdatmosphäre.

Fata Morgana Optische Täuschung, die durch Lichtbrechung an unterschiedlichen Luftschichten entsteht.

Feuchtgebiet Gebiet, in dem Sümpfe, Moore und Feuchtwiesen vorherrschen; bekannte Feuchtgebiete sind z.B. die Everglades in Florida und das Wattenmeer.

Finsternis Erscheinung, bei der ein Himmelskörper vollständig (totale Finsternis) oder teilweise (partielle Finsternis) durch einen anderen Körper verdeckt wird.

Fluchtgeschwindigkeit Mindestgeschwindigkeit, die eine Rakete erreichen muss, um der Schwerkraft zu entkommen.

Front Grenze zwischen zwei Luftmassen mit unterschiedlicher Temperatur und Feuchte. Fronten führen stets zu einer Wetterveränderung.

Fujita-Skala Sie gibt die Stärken von Tornados an, die üblichen Messwerte reichen von F0 (leichte Schäden) bis F5 (katastrophale Zerstörungen).

Galaxie Große Ansammlung von bis zu 200 Milliarden Sternen, Staub und leuchtenden Gaswolken. Sie werden durch die Schwerkraft zusammengehalten.

Galaxis Bezeichnung für die Galaxie, in der wir uns befinden. Sie wird auch Milchstraße genannt.

Gas Stoff, der wie Luft keine bestimmte Form annimmt und sich in alle Richtungen ausdehnen kann.

Gebirge Eine Kette von Bergen, die durch Verschiebung von Kontinentalplatten erzeugt wird.

Gemäßigte Zone Eine Klimazone mit milden Sommern und kühlen Wintern.

Gewitter Wettererscheinung mit Blitz und Donner, je nach Stärke auch zusammen mit starkem Regen, Hagel, Graupel und heftigem Wind. Typisch sind hohe dunkle Gewitterwolken.

Gezeiten Abwechslung von Ebbe (Niedrigwasser) und Flut (Hochwasser) auf den großen Meeren der Erde, verursacht durch die Gravitation des Mondes und der Sonne.

Gletscher Eine sehr große Eismasse, die sich langsam bergab bewegt.

Gondwana Ein großer Kontinent im Süden, der aus Südamerika, Afrika, Indien, Australien und Antarktika bestand.

Gravitation Gegenseitige Anziehung von Massen; Gravitation bestimmt die Bahn der Planeten um die Sonne.

Hagel Niederschlag aus Eisklumpen.

Halbschatten Teilweise abgeschatteter, ringförmiger Bereich um den Kernschatten von Mond und Erde bei einer Sonnen- oder Mondfinsternis.

Halo Optische Erscheinung, die durch Lichtbrechung und -spiegelung an Eiskristallen in der Atmosphäre entsteht. Meist sind Sonne oder Mond von einem ringförmigen Lichtkreis umgeben.

Himmelskörper Körper im Weltall, z.B. Planeten oder Sterne.

Hintergrundstrahlung Mikrowellenstrahlung aus dem Weltraum, die Reststrahlung des Urknalls.

Hochdruckgebiet (Hoch) Gebiet mit relativ hohem Luftdruck. Das Wetter ist im Sommer meist ruhig und sonnig, im Winter bilden sich oft durchgehende graue Bewölkung und Hochnebel.

Hurrikan Tropischer Wirbelsturm im Bereich des Karibischen Meers, der Westindischen Inseln und des Golfs von Mexiko mit Windgeschwindigkeiten von bis zu 250 Kilometer pro Stunde.

Hygrometer Messinstrument zur Bestimmung der Luftfeuchtigkeit.

Jahreszeiten Vier Abschnitte des Jahres: Frühling, Sommer, Herbst, Winter. Sie entstehen, weil sich die Erde im Laufes eines Jahres einmal um die Sonne dreht und sich dabei durch die Neigung der Erdachse die Sonneneinstrahlung auf die Erde verändert.

Kaltfront Luftmassengrenze auf die normalerweise eine Abkühlung folgt.

Kern Mittelpunkt eines Planeten, Mondes oder Sterns.

Klima Wettererscheinungen in der Atmosphäre an einem bestimmten

Ort oder einem Gebiet über einen Zeitraum von mindestens 30 Jahren.

Klimazonen Große Gebiete der Erde, in denen das Klima gleich oder ähnlich ist. Die einfachste Einteilung richtet sich nach der Sonneneinstrahlung. Sie unterscheidet Tropen, Subtropen, gemäßigte Breiten, boreale Zone und Polargebiete.

Komet Kleiner Himmelskörper mit einem auffälligen Schweif, der von der Erde aus sichtbar ist und eine Länge von mehreren Millionen Kilometern erreichen kann. Einer der berühmtesten Kometen ist der Halleysche Komet.

Kompass Messgerät zur Bestimmung der Himmelsrichtungen.

Kondensation Umwandlung einer Substanz vom gasförmigen in den flüssigen Zustand, z.B. kondensiert Wasserdampf zu Wassertropfen.

Kontinentalverschiebung Bewegung, Zusammenprall und Aufspaltung von Kontinenten.

Korona Schicht heißer Gase um die Sonne. Die Korona ist nur bei einer totalen Sonnenfinsternis sichtbar.

Krater Rundes Einschlagloch auf der Oberfläche von Monden oder Planeten. Sie bilden sich, wenn große Gesteinsbrocken aus dem All auf Planeten oder Monde aufprallen.

Längengrade Gedachte Kreise um die Erde. Sie gehen durch die beiden Pole. Der Längengrad 0°

(Nullmeridian) verläuft durch das Observatorium von Greenwich (London).

Laurasia Ein großer Kontinent im Norden, der vor 200 Mio. Jahren aus Nordamerika, Europa und einem Teil von Asien bestand.

Lava Rot glühendes und geschmolzenes Gestein, das beim Vulkanausbruch die Erdoberfläche erreicht.

Lichtjahr Entfernung, die Licht in einem Jahr zurücklegt: 9,64 Billionen Kilometer.

Lostage Tage, die nach dem Volksglauben wichtig für die Wetterentwicklung und das Verrichten bestimmter Arbeiten sind. Wurden oft in Bauernregeln aufgegriffen.

Magma Geschmolzenes Gestein in Erdkruste und -mantel, das bei einem Vulkanausbruch nach oben gedrückt wird.

Mesosphäre Die mittlere der fünf Schichten der Erdatmosphäre.

Mesozoikum Erdmittelalter. Es umfasst die Perioden Trias, Jura und Kreide, begann vor 250 Mio. Jahren und endete vor 65 Mio. Jahren.

Meteor Ein Gesteinsbrocken, der in der Erdatmosphäre verglüht und dabei eine Leuchtspur erzeugt; auch Sternschnuppe genannt.

Meteorit Gesteinsbrocken aus dem Weltall, der auf die Erdoberfläche trifft und nicht als Meteor verglüht.

Meteorologie Die Wissenschaft von Klima und Wetter. Beschäftigt sich mit den Erscheinungen in der Atmosphäre und deren Wechselwirkungen mit der Erdoberfläche.

Milchstraße Bezeichnung für die Galaxie, in der sich die Sonne befindet. Sie ist als breiter heller Gürtel am Nachthimmel zu sehen.

Mond Himmelskörper, der einen Planeten umkreist. Ein Mond ist kleiner als der Planet, zu dem er gehört.

Mondfinsternis Verdunklung des Mondes, wenn er in den Schatten der Erde eintritt.

Monsun Große Luftströmung in den Tropen, die zweimal im Jahr ihre Richtung wechselt.

NASA National Aeronautics and Space Administration. In den USA ist diese Behörde für die Weltraumforschung zuständig.

Nebel Staub- und Gaswolke im Weltraum oder entfernte Galaxie. Auf der Erde entsteht Nebel, wenn Wasserdampf über dem Boden kondensiert.

Neozoikum Erdneuzeit. Sie umfasst die Perioden Tertiär und Quartär und begann vor 65 Mio. Jahren.

Neutronenstern Rest eines Sterns, der als Supernova explodiert ist. Neutronensterne, die sich drehen, nennt man Pulsare.

Niederschlag Meteorologen sprechen von Niederschlag, wenn Wasser in flüssiger oder fester

Form auf den Boden fällt – als Regen, Tau, Reif, Schnee, Hagel oder Graupel.

Oase Ein fruchtbarer Ort in einer Wüste, meist an einer Quelle oder Wasserstelle gelegen.

Ozonloch Abbau der Ozonschicht vor allem über den Polargebieten. Dies hat negative Folgen für Menschen und Umwelt, da die gefährliche UV-Strahlung nicht mehr vollständig von der Ozonschicht aufgenommen wird.

Ozonschicht Schicht in der Stratosphäre in einer Höhe von 20 bis 50 Kilometern, in der viele Ozonmoleküle vorkommen. Ozon ist eine Form des Sauerstoffs mit drei Atomen. Es absorbiert die schädlichen ultravioletten Strahlen der Sonne.

Paläozoikum Erdaltertum. Es umfasst vom Kambrium bis zum Perm insgesamt sechs Perioden (vor 570 bis 250 Mio. Jahren).

Pangäa Urkontinent. Er vereinigte die heutigen Erdteile in sich.

Phasen Veränderungen in der Gestalt des beleuchteten Teils des Mondes im Lauf eines Mondumlaufs um die Erde (Mondphasen).

Planet Ein runder Himmelskörper, der die Sonne oder einen anderen Stern umkreist und Licht reflektiert. Im Sonnensystem gibt es acht Planeten.

Planetoid Gesteins- oder Metallbrocken, der um die Sonne kreist, auch Asteroid genannt. Die meisten Planetoiden befinden sich zwischen Mars und Jupiter (Planetoiden-Gürtel).

Polare Zone Region der Erde innerhalb der Polargebiete mit kaltem Klima, Schnee und Eis. Der nördliche Polarkreis umfasst die Arktis, der südliche die Antarktis.

Polarlicht In den Polargebieten der nördlichen und südlichen Erdhalbkugel nachts sichtbares buntes Leuchten am Himmel. Findet in der Atmosphäre in einer Höhe von 70 bis 1000 Kilometern statt.

Polarstern Stern, der fast genau über dem Nordpol, dem nördlichsten Punkt der Erde, steht.

Protuberanz Glühende Gasmasse, die aus der Sonnenoberfläche geschleudert wird. Man kann Protuberanzen bei einer totalen Sonnenfinsternis gut erkennen.

Pulsar Sich schnell drehender Stern, der Radiosignale aussendet.

Radiowellen Schwingungen, die unsichtbar sind und durch die Luft und das All Informationen an andere Orte übermitteln. Dort werden sie von Antennen empfangen und in Bilder und Töne umgesetzt.

Raumfahrzeug Alle Apparate, die sich durch das Weltall bewegen und Personen oder andere Gegenstände wie z.B. eine Weltraumsonde transportieren.

Raumsonde Unbemanntes Raumfahrzeug zur Erforschung des Sonnensystems. Sonden erkunden z.B. die Oberfläche von Planeten.

Raumstation Bemanntes Raumfahrzeug, das um die Erde kreist. Es dient als Basis für Weltraumflüge und als Forschungsstation.

Regenbogen Optische Erscheinung, die durch Brechung und Reflexion der Sonnenstrahlen in den einzelnen Regentropfen entsteht. Das Sonnenlicht wird dabei in sein Farbspektrum zerlegt. Die Sonne muss hinter dem Beobachter stehen.

Richterskala Skala, mit der die Erdbebenstärke gemessen wird. Sie reicht von der Stärke 0 (nur mit Messgeräten nachweisbar) bis 9 und darüber (große Katastrophe, bisher noch nicht beobachtet).

Roter Riese Stern vor dem Ende seines Lebens – er hat sich abgekühlt und aufgebläht. Ein Roter Riese ist viel größer als die Sonne.

Satellit Körper im Weltall, der einen Planeten oder einen Stern umkreist. Monde sind natürliche Satelliten. Künstliche Satelliten sind Telekommunikations- und Wettersatelliten. Sie werden mit einer Rakete in den Weltraum geschossen.

Sauerstoff Gas in der Luft, das von Tieren und Menschen durch die Atmung verbraucht wird.

Schichtvulkan Wenn abwechselnd Asche und zähflüssiges Magma aus der Erde austreten, bilden die Lavaströme einen steilen Kegel, den Schichtvulkan.

Schildvulkan Wenn sich der Lavastrom beim Ausbruch des Vulkans verteilt, bilden sich Schildvulkane – das sind flache Kuppeln mit mehreren Kratern.

Schwarzer Zwerg Reste eines ausgebrannten Sterns.

Schwarzes Loch Himmelskörper mit so großer Anziehungskraft, dass kein Licht und keine andere Strahlung entkommen kann. Deshalb sind sie nicht sichtbar.

Schwerelosigkeit Fehlen der Schwerkraft im Weltall.

Schwerkraft Kraft, die alles zur Erdoberfläche zieht. Sie wird zwischen zwei oder mehr Körpern wirksam, die eine Masse besitzen.

Sediment Sand, Kies und Schlamm, die von Eis, Wind oder Wasser abgelagert worden sind.

Seismograf Gerät zur Aufzeichnung von Erschütterungen bei Erdbeben.

Smog Luftverschmutzung besonders in Großstädten, giftiges Gemisch aus Rauch und Nebel.

Sonne Stern in der Mitte des Sonnensystems.

Sonnenfinsternis Verdunklung der Sonne, wenn sich der Mond zwischen Sonne und Erde schiebt und dadurch den Blick auf die Sonne verstellt.

Sonnenflecken Kühlere Bereiche auf der Oberfläche der Sonne, die dunkler erscheinen als ihre Umgebung.

Sonnensystem Himmelskörper, deren Bewegung durch die Schwerkraft der Sonne bestimmt werden. Zu unserem Sonnensystem gehören die Sonne, die Planeten und zahlreiche kleinere Himmelskörper.

Stern Himmelskörper, der aus eigener Kraft leuchten kann. Er besteht aus brennendem, explodierendem Gas. Sterne geben viele Millionen von Jahren Licht und Energie ab.

Sternbilder Historisch bedingte Gruppen von Sternen, denen die Menschen eine bestimmte Form zuordnen. Sie sind meist sehr gut zu erkennen.

Sternwarte Auch Observatorium genannt. Gebäude mit einer großen Kuppel und Teleskopen, mit denen Astronomen den Sternhimmel betrachten.

Stratosphäre Schicht der Erdatmosphäre zwischen Troposphäre und Mesosphäre.

Supernova Explosion eines sehr dichten Sterns am Ende seines Lebens. Übrig bleiben nur ein Neutronenstern und ein Schwarzes Loch.

Teleskop Leistungsstarkes Fernrohr.

Thermik Aufsteigende warme Luftströmung.

Thermometer Gerät zur Messung der Temperatur.

Thermosphäre Schicht der Erdatmosphäre zwischen Mesosphäre und Exosphäre.

Tiefdruckgebiet (Tief) Gebiet mit niedrigem Luftdruck, das meist Wolken und Niederschlag bringt.

Tierkreis Zwölf Sternbilder. Diese werden von der Sonne im Laufe eines ganzen Jahres durchwandert.

Tornado Trichterförmiger Luftwirbel mit einem Durchmesser von 50 bis 500 Metern. Sie treten vor allem in den USA auf. Die Intensität von Tornados wird mit der Fujita-Skala gemessen.

Treibhauseffekt Bestimmte Gase in der Atmosphäre (z.B. Kohlendioxid) lassen die Sonnenstrahlung zur Erde durch und verhindern, dass Wärmestrahlung wieder ins Weltall entweichen kann (natürlicher Treibhauseffekt). Dadurch erwärmt sich die Atmosphäre. Der Ausstoß von Treibhausgasen verstärkt diesen Effekt, die Erdatmosphäre heizt sich stärker auf.

Triebwerk Teil einer Rakete, der Treibstoff verbrennt und damit die Rakete antreibt.

Tropengürtel Klimazone mit heißem Klima und Phasen starken Regens.

Troposphäre Unterste Schicht der Erdatmosphäre zwischen Erdboden und Stratosphäre, ungefähr 13 km dick.

Umlaufbahn Bahn, auf der ein Himmelskörper oder Satellit einen anderen Himmelskörper umkreist. Planeten befinden sich auf Umlaufbahnen um die Sonne.

Universum Weltall und alles, was darin enthalten ist, mit der Erde, allen Planeten, Galaxien und Sternen.

Urknall Theorie, die davon ausgeht, dass das Weltall vor ungefähr 15 Milliarden Jahren mit einer gewaltigen Explosion begann.

Vakuum Luftleerer Raum.

Vulkan Stelle, an der heißes und flüssiges Gestein durch die Erdkruste austritt

Warmfront Luftmassengrenze auf die normalerweise wärmere Luft folgt.

Wasserkreislauf Der Weg des Wassers auf der Erde und in der Atmosphäre: Wasser verdunstet in die Atmosphäre, Wolken entstehen, Niederschlag fällt aus der Atmosphäre über Land und Wasser und fließt zurück ins Meer. Dann beginnt der Kreislauf von vorn.

Weißer Zwerg Kleine Reste eines ausgebrannten Sterns, er gibt nur noch schwaches Licht ab und erzeugt keine Energie mehr im Inneren.

Wetter Zustand der Atmosphäre zu einem bestimmten Zeitpunkt an einem bestimmten Ort oder in einem Gebiet, gekennzeichnet durch die meteorologischen Elemente (z.B. Lufttemperatur, Luftfeuchte, Luftdruck, Niederschlag usw.) und deren Zusammenwirken. Das Wetter spielt sich überwiegend in der Troposphäre ab.

Wetterballon Mit Gas gefüllter Ballon, der eine Radiosonde etwa 30 Kilometer hoch in die Atmosphäre trägt. Damit können Luftdruck, Luftfeuchte und Temperatur gemessen werden. Ein Sender funkt die Messergebnisse an eine Bodenstation.

Wettersatellit Satelliten, die die Erde meist umkreisen und Bild- und Messdaten z.B. zu Wolkenverteilung, Windbewegungen, Schnee- und Eisbedeckung,

Daten zu Temperatur, Feuchtigkeit, Ozongehalt der Atmosphäre usw. senden.

Wetterstation Beobachtungsstation, in der das örtliche Wetter aufgezeichnet wird. Die Daten werden in einer Zentrale für die Wettervorhersage ausgewertet.

Wind Luftbewegung zwischen einem Tief und einem Hoch, um den Druckunterschied zwischen beiden auszugleichen.

Windzonen Zonen auf der Erde in denen jeweils Winde mit einer vorherrschenden Richtung auftreten.

Wirbelsturm Eine sich schnell drehende Luftsäule über Land oder Wasser.

Witterung Gleichförmige Wetterlage über einen Zeitraum von mehreren Tagen bis hin zu Wochen.

Wolken Eine Ansammlung von sehr kleinen Wassertröpfchen und/ oder Eiskristallen in der Atmosphäre. Nach der Höhe in der sie vorkommen und ihrer Form kann man verschiedenen Wolkengattungen und -arten unterscheiden.

Wüste Ein Gebiet der Erde, in dem im Jahr weniger als 250 mm Regen fallen.

Zwergplanet Himmelskörper im Sonnensystem, auf deren Umlaufbahn jedoch weitere Objekte zu finden sind.

Register

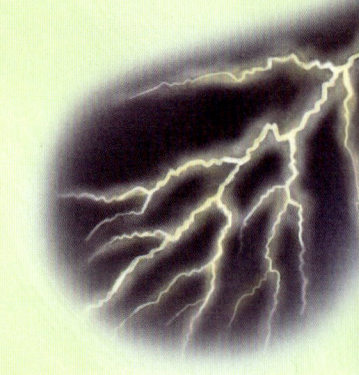

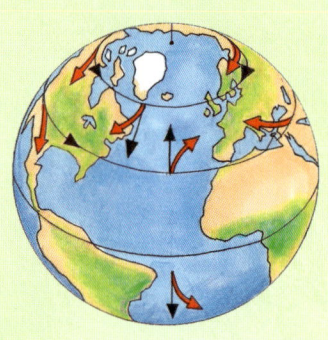

Bibliografische Information der Deutschen Nationalbibliothek
Die Deutsche Nationalbibliothek verzeichnet diese Publikation in der
Deutschen Nationalbibliografie. Detaillierte bibliografische Daten sind
im Internet über **http://dnb.d-nb.de** abrufbar.

3   2   1   15   14   13

© 2013 Ravensburger Buchverlag Otto Maier GmbH
Postfach 1860, 88188 Ravensburg

Text: Manfred Schwarz, Martina Gorgas
Illustrationen: Anna-Luisa und Marina Durante, Lorenzo Orlandi,
Thomas Thiemeyer, Johann Brandstetter, Elisabetta Ferrero,
Lucia Brunelli, Costa Giampietro

ISBN 978-3-473-55361-7

www.ravensburger.de